KB221121

종학스님의 행복한 기도이야기

참 행복한 나

1

종학 스님 지음

"전생을

알고자 하느냐?

그것은 현재 자신이 받고 있는 일이요,

다음 생을

알고자 하느냐?

그것은 현재 자신이 하고 있는 일이다."

-법화경(法華經)-

초판 '기도의 빛' 머리말

  '기도의 빛'의 저자인 저 종학은 15~16세 무렵부터 건강이 안 좋아 많은 고생을 하였으며 또한 불행한 가정사로 인하여 실타래처럼 얽히고설킨 운명 앞에 절망과 마주하기를 수 없이 반복하는 청년시절을 보내게 되었습니다.

  그러던 어느 날 전생에 부처님과 인연이 있어서인지 지장보살님이 친히 찾아오셔서 몽중가피를 내려주심으로 헐벗고 굶주리고 병들과 삶과 죽음가운데 고통 받는 이웃을 위한 기도자의 길을 가야할 운명이 주어져 있음을 알게 되었습니다.

  이윽고 출가한 저는 줄곧 전국 유명기도처에서 기도정진을 하면서 운명의 실타래를 풀어내는데 매달리며 현실의 고통, 아픔이 어디에서 오는지에 대한 원인을 규명하는데 몰두하였습니다.

  이후 각고의 기도정진 속에서 운명의 정체에 대하여 대체적인 원리를 깨달을 수가 있었습니다.

그리하여 운명을 효율적으로 관리하는 방법과 일상의 소원을 성취하는 것과 깨달음을 위한 기도가 어떻게 이뤄져야 하는지, 또한 기도자가 지켜야할 준칙은 무엇인지에 대한 사실을 알 수가 있었습니다.

이에 작은 깨달음이지만 길을 잃고 방황하는 사람과 길을 찾는 사람과 길을 가는 사람과 더불어 기도의 공덕을 나누고자 '기도의 빛'이란 제목의 소책자를 내게 되었습니다.

이에 인연되는 모든 분들이 업장을 소멸하고 소원을 성취하며 자신의 앞길을 밝히는 희망의 빛이 되어지는 것은 물론 지옥에서 고통받는 모든 영가들이 고통없는 극락세계에 태어나시길 기원합니다.

2013년 부처님 오신 날
고령토굴에서 (太平)종학 씀 _()_

증보 개정판을 내면서…

주체적이 되어 창조적으로 살아라! 그리하면 자기만의 길을 개척하여 타의 추종을 허용치 않는 성공인생을 살 수 있다. 자기만의 노하우를 지니면 그로써 최고의 대접을 받을 수 있고, 자기가 자기 삶의 기준이 되어 무슨 일을 하고 살든지 즐거운 마음속에 열정을 불태울 수 있을 것이니 행복하지 않을 수 없다.

현실은 언제나 과거와 미래라는 두 세력과 현실안주와 진부함의 극복이라는 두 생각이 갈등하는 현장이다. 진보라는 것도 흐르는 시간 속에서 안정의 또 다른 이름이 될 뿐이다. 그리고 현실은 자신이 원하지 않아도 항상 불안과 고통이 따르게 된다.

그런 점에서 어느 편에도 치우치지 않고 삶의 두 축인 안정과 진보라는 두 이념을 담아내는 사고의 유연성을 지켜내기 위한 인간본성의 순수성을 깨닫게 하는 수행의 방편을 실천하는 것의 의미가 참으로 크다고 하겠다.

'나는 누구인가?'라는 문제의식은 생명력을 잃어서 무기력한 나로부터 벗어나 영원한 생명력을 회복하려는 몸부림인 것이다.

그래서 본질적이며 자율적인 생명력을 회복하여 자기가 자기로 살아갈 수 있을 때 비로소 진정으로 삶의 기쁨이 일어나게 되고 살아서 움직이는 힘이 넘치는 자기로 살 수 있게 된다.

생명력을 회복한 참된 자기는 외부로부터 주어지는 일체의 편 가르는 이념이나 기준으로부터 영향받지 않고 그로인해 어떠한 갈등을 일으키지 않는 가운데 자기를 현실에 적응시켜 나가는 자유롭고 역동적인 삶이 되게 할 것이다. 이것이 금강경에 서 말하는 "응당 머무는 바 없이 내는 마음" 활용법인 것이다.

부처님이 선언하셨다는 천상천하유아독존(天上天下唯我獨尊)이라는 존엄성은 어느 편에도 서지 않는 삶의 주체로서의 중도적 삶의 관점을 강조하는 것이다. 당신은 자기와 똑 같은 사람이 이 세상 어디에 또 있을 거라고 생각하지 않을 것이다. 한 사람 한 사람이 비교를 허락지 않는 절대적으로 존귀하며 사랑스럽고 신비로운 존재들인 것이다.

성격, 사고방식, 취미, 신념, 이상 등도 자기와 같은 사람은 단 한 사람도 지구상에 존재하지 않는다.

마찬가지로 자기만의 성향을 드러내는 창조성도 유일무이한 것이다. 세상의 그 무엇과도 비교를 허용치 않는 천상천하유아독존의 존귀함은 인간 뿐 아니라 하찮게 여겨지는 길거리 돌멩이나 잡풀 하나까지도 지니고 있음을 알아야 한다.

우리의 삶이 각자 자신만의 색깔에 충실하면서 창조적인 진화의 길로 나아간다면 삶에 대한 만족도가 고조되고 자존감(자기 존중심)이 충만하여 기쁨, 웃음, 배려, 사랑, 행복 등의 단어 속에 살게 될 것이다.

그 누구와도 비교를 허락지 않는 자기를 상징하는 힘은 자기를 킹이나 퀸의 지위를 담보해 내게 될 것이다. 자기가 창조적이 되면 기발한 착상이나 아이디어가 쏟아지게 된다.

그러한 창조적인 힘들은 머리를 혹사시키고 참기름 짜내듯 빨리 빨리를 재촉하는 기존의 삶의 문화에서 지친 자기의 심신에 활력을 불어넣어줄 것이며 넘치는 에너지는 자기의 삶은 물론 주변의 변화를 이끄는 원동력이 될 것이다.

지진에 무너진 땅에도 샘은 다시 솟아나고 태풍이 쓸고 간 대지위에는 꽃이 피고 새는 하늘을 날며 새롭게 세상을 수놓아 가게 되는 자연의 위대함이 바로 창조성 때문이다. 자연은 절망이 없다. 당신은 자연이 절망하여 자살을 하였다는 소문을 들은 적이 있는가? 자연은 그렇게 하는 것이 불가능하다. 자연(自然)이란 '스스로 그렇게 살아 있다는 생명력' 이라는 뜻이다.

자연은 만물을 살아있게 하는 힘으로 작용한다. 문명화된 생활 속에 적응하느라 오랫동안 인간의 창조성이 가두어지게 되었다. 이제 자기 안에 갇혀서 질식 상태에 있는 창조성을 부활시켜야 한다. 창조성이 죽으면 자기의 삶도 서서히 병들어 죽어가기 때문이다.

우리는 지금까지 창조성의 극히 일부분만을 사용하여 올 수 있었다. 소크라테스, 공자, 예수, 석가, 노자, 장자, 복희, 문왕, 에디슨, 베토벤, 슈베르트, 고흐, 나이팅게일, 스티브잡스, 빌게이츠 등은 모두 창조적인 존재들로 인류의 가슴속에 감동을 주고 생활 향상에 지대한 공헌을 한 사람들이다.

본 저서는 당신으로 하여금 창조적인 지혜와 만나게 인도해드리며 당신 속에 잊혀진 창조성을 확인하는 계기가 될 것이다. 그것은 바로 잃어버린 인간의 주체성(主體性:주인 된 몸과 마음)에 눈을 뜨게 하는 것이기도 하다. 이로써 지극히 창조적이며 세상 속에 그 무엇과도 비교를 허용치 않는 존귀한 존재로서 우주 간에 오직 한 사람인 자신으로 우뚝 서도록 자극을 줄 것이다.

끝으로 '기도의 빛'이 증보 개정되어 '참 행복한 나'로 출간될 수 있도록 정성을 모아주신 김도식, 조소영, 백영숙, 이상훈, 서상훈, 이은자, 우외태, 손미향, 허연옥, 이은경, 조경옥 님께 감사하며 특히나 물심양면으로 지원을 아끼지 않으신 ㈜대성이앤지 문한석 대표님께 감사의 마음을 전합니다. 그리고 극락암 토굴 공부모임 회원과 천안의 유지윤, 원주의 변도균, 변정희, 변학균, 대구의 이윤주, 박진우, 박진서 학생들과 출간의 기쁨을 나누고자 합니다.

2014년 설날 고령토굴에서 (太平)종학 씀

행 복 / 월산 作

대상에 따라서 기쁘고 괴롭고 하는 조건에 의한 즐거움이
아닌, 단지 마음을 비우는 것만으로 채워지는 절대적인 충
만을 의미한다.

목 차

제 4 장   기도의 가피

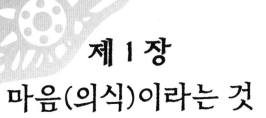

제 1 장
마음(의식)이라는 것

마음이라는 것에 대하여

물의 결정체에 대한 보고서로 알려진《물은 모든 것을 알고 있다》라는 책을 출간한 일본인 에모토 마사루(江本勝)씨는 우리에게 놀라운 사실을 알려주었다. '사랑한다', '미워', '예뻐', '죽어' 등등의 말을 사용할 때 물 입자조직이 '말에 따라' 변화했던 것이다.

최근 텔레비전 방송에서 꽃이나 콩나물, 먹는 밥을 대상으로 한 실험에서도 분명한 차이가 나타나고 있음을 확인할 수 있었다. 말씀(波動)의 창화력(創化力)이 물질의 조직에까지 영향을 미치고 있다는 가설은 모두 사실이었다.

그러나 이러한 실험이 새삼스럽지 않은 것은 정신과학에서는 이러한 현상을 수없이 얘기하고 있었으며, 종교나 도의 차원에서는 '믿음'의 힘이 삶의 여러 방면의 변화를 이끌어 내고 죽음까지도 다스리는 교화의 힘이 있다는 것을 주장하여 왔기 때문이다.

더 나아가서 수행의 차원에서는 음과 양이라는 삶과 죽음의 문제를 함께 벗어나려면 음양이라는 에너지의 양분상황을 거

슬러 분리이전의 전일(全一)한 상태로 돌이켜야(廻光返照)한다고 주장되어 왔던 것이다.

즉, 두 갈래 길로 나눠지는 음양의 두 상반된 기운을 조화시켜서 태극의 본원으로 환원시켜야 밝음을 회복할 수 있다는 것이다. 기도를 활용해서 현실의 문제를 해결하고 죽은 망자의 문제를 해결하는 단계에 머물지 않고 한 발짝 앞으로 나아가야 중생이라는 이름표를 영원히 뗄 수가 있는 것이니 백천간두 진일보(百尺竿頭 進一步)＊가 요구되는 지점이기도 하다.

그곳이 과거와 미래가 만나는 현재라는 지점이요, 좌우가 사라진 중도(中度)의 자리라는 불입문자(不入文字), 언어도단(言語道斷)이라고 표현되는 경계이다. 이곳은 부처님, 하나님, 도(道) 등 그 무엇이라고 이름을 붙일 수 없다. 바로 영(零:제로) 또는 무(無)인 것이다. 노자도덕경 1장에 "도가도비상도 명가명비상명(道可道非常道 名可名非常名)"이라 하여 '도를 도라고 하면 영원한 도가 아니고, 이름을 이름이라 하면 영원한 이름이 아니다.' 라고 말하고 있음도 같은 이치이다.

＊백천간두진일보(百尺竿頭進一步)라는 말은 참선을 하는 문중에서 사용하는 것으로 백척의 높은 작대기 위에 서서 허공 속으로 한 발 앞으로 내 딛으라는 말이다. 백척이나 되는 작대기 위에 이르기도 어려운 공부인데 그곳에 멈춰있지 말고 아무런 의지처가 없는 허공가운데로 몸을 던지라는 것이다. 공부자가 통과해야 할 최후의 관문이라고 할 수 있다.

여러 단계의 의식 형성과정

기도자나 수행자가 원래부터 '무' 인 근본의식을 구경(究竟)하려고 관광(觀光)에 나서도 현재 의식이나 무의식으로서는 도달할 수 없다. 헤아리는 의식 활동이 멈춰져야 비로소 도달할 수 있는 것이다.

아는 것으로 모르는 것을 알 수 없고 있는 것으로 없는 것을 상대해 낼 수는 없는 것이다. 의식을 다루는 것에 있어서도 있는 의식을 사용하여 없는 근본의식을 상대로 작업할 수 없는 것이다.

이러함으로 의상대사는 법성게에서 구래부동명위불(舊來不動名爲佛)이라 하여 '예로부터 움직임이 없는 것을 이름 하여 부처라고 한다' 고 표현한 것이다. 이러한 마음의 원래모습에 변화가 찾아오는 시절이 있었다.

본래는 하나의 정신적 물질적 자극도 받지 않고 그에 따른 어떠한 심상도 갖지 않던 본래의 마음에 수수만년의 생명의 역사를 거치면서 외부에 대응하여 마음의 에너지가 밖으로 흘러나

가면서 분열을 시작하게 된 것이다. 그러면서 의식 안에 각각의 층들이 형성되기 시작하였다.

먼저 형성된 의식은 시간의 흐름 속에서 다시 형성된 새로운 층으로 인하여 뒤로 자꾸 밀려가면서 신·구층이 형성되게 되었다. 마치 텅 빈 공간 안에 칸막이 공사를 하여 여러 개의 방을 만드는 것처럼 된 것이다.

그래서 하나의 의식(태극)이 외부에 상응하는 의식 활동을 통해서 음양이라는 내·외 의식으로 나누어지게 되었던 것이다. 그러므로 본래의 텅 빈 마음의 상태로 돌아가려면 조성된 칸막이를 하나씩 하나씩 거둬내야 비로소 가능한 것이다.

기도, 더 나아가서 수행이라는 것은 바로 이러한 나뉘어진 상황에서의 의식의 장막을 거둬내고 본래의 빈 공간을 회복하는 작업이다. 단지 다른 것이 있다면 칸막이 공사는 실제 칸들을 뜯어내는 것이지만 기도와 수행은 의식으로서 진행되는 작업이라는 것이 다를 뿐이다.

---

*자연현상의 전개과정이 미립자가 원자를 이루고 원자가 분자를 이루고 분자가 물체를 이루어서 광물, 식물, 동물, 인간으로 성립하는 과정과 같이 인간의식의 성립과정도 맨 처음에는 '무'인 상태에서 자연 진화과정에서 의식의 각층이 형성되었다고 할 것이다.

근본의식이라는 본성은 아무런 생각을 담고 있지 않다. 마치 속이 텅 빈 종과 같은 것이다. 그러나 외부에서 어떠한 정보를 요구할 때는 즉각 반응한다. 종을 치면 소리로 반응하는 이치인 것이다.

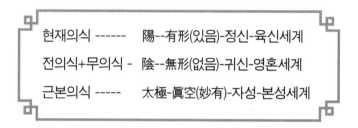

현재의식 ------ 陽--有形(있음)-정신-육신세계
전의식+무의식 - 陰--無形(없음)-귀신-영혼세계
근본의식 ----- 太極-眞空(妙有)-자성-본성세계

이 상태를 금강경은 응무소주이생기심(應無所住以生其心)이라 하여 '응당 집착하는 바 없이 마음을 사용 한다.'고 표현하고 있다.

그러나 외물(外物)에 마음을 빼앗긴 채 집착심으로 반응한다면 우리의 의식은 근본의식과 분리된 채 의식의 두터운 층에 갇히게 된다.

거울은 내용물이 없이 텅 비어있는 공(空)한 상태이므로 맑고도 밝은 것이다. 아무런 정보도 입력됨 없이 무(無)일 뿐이다. 그러나 거울 앞에 어떤 사물이 움직이면 그대로 비추어낸다. 거울이 움직여서 비추어지는 것이 아니라 거울은 가만히 있지만 물건이 움직이면서 거울에 비추어졌을 뿐이다.

근본의식은 보거나 듣거나 느끼거나 냄새 맡거나 생각하거나 하는 기능이 전혀 없다. 그러나 외부에 어떠한 움직임이 있으면 미세한 부분까지 즉각 감지하여 밝히 읽어내는 것이다. 이러한 근본의식을 관세음(觀世音)이라 하여 세상의 온갖 움직임을 보고 듣고 그에 응답한다는 것이다.

인간의 현실은 외부에 꺼둘린 나머지 에너지의 분리가 일어나고 그 결과 의식의 각층이 형성되어서 결국에는 지옥과 천국이 나누어지고, 이승과 저승이 나누어지고, 부귀와 빈천이 나누어지고, 대인과 범부가 나누어지고, 성인과 중생이 나누어지게 된 것이다.

또한 이렇게 될 수밖에 없는 중요한 이유는 자연계의 순환법칙이 애당초 그렇게 짜여 있었다는 사실이다. 소수의 수행자나 기도자만이 이를 알아차리고 근본의식을 찾아 구도수행하며 근본의식을 회복하려고 노력해 왔던 것이다.

그러나 대부분의 사람들은 여전히 현실을 쫓아서 어느 한 편에 서고, 믿고, 따르는 등 분열로 나아감으로 인하여 오랜 생 동안 고통스런 현실을 벗어나지 못하고 이승과 저승을 오고가면서 고통을 반복하고 있는 것이다.

불교는 마음을 어떻게 보는 가

불교에서는 마음의 구조와 작용을 8식과 12연기논리로 설명하고 있다.

◇ 안식(제1식) : 시각의 감각기관

◇ 이식(제2식) : 청각의 감각기관

◇ 비식(제3식) : 후각의 감각기관

◇ 설식(제4식) : 미각의 감각기관

◇ 신식(제5식) : 촉각의 감각기관

◇ 의식(제6식) : 정신작용의 감각기관으로 '의식이 있다' '의식이 없다' 할 때는 제 6식을 칭한다.

◇ 말라식(제7식) : 자아의식이라는 '에고' 로서 제 6식인 의식작용이 단절되는 수면상태나 기절상태에서도 작용이 계속된다.

◇ 아뢰야식(제8식) : 인간의 모든 움직임이 고스란히 입력되는 행위(업)의 저장소이다.

불교에서는 사람이 세상에 태어날 때 명(名:마음)과 색(色:육체)을 갖고 태어난다고 본다.

그리고 아이가 1~2세가 되면 육처(六處: 눈, 귀, 코, 혀, 피부, 뇌)라는 감각기관이 외부세계에 열리어 접촉(觸)을 하게 된다.

3~5세가 되면 적극적으로 자기 의사표현을 하면서 외부 세계와 접촉하며 의식상으로 호 불호가 구분되며 희로애락의 감정을 갖게 된다(受). 이러한 과정이 이어지면서 지각(受)에 의해서 탐욕(愛)이 생기고 탐욕(愛)은 그것을 지속적으로 소유하려는 집착심(取)을 갖게 된다고 한다.

자기 경험에 의하여 좋고 나쁘고 즐겁고 슬픈 것을 구분하여, 좋고 즐거운 것은 취하고, 나쁘고 슬픈 것은 멀리하려는 경향을 갖는다는 것이다. 이러한 집착심(取)은 죽지 않고 살고 싶어 하는 목숨에 대한 집착(取)으로도 나타난다고 한다.

이러한 일련의 작용들이 마음의 경계를 만들어 내어서 사물의 본 모습(근본)을 보지 못하게 하는 고통(苦)을 만드는 이유가 된다. 그러므로 이 유(有), 취(取), 애(愛)를 버리는 것이 바로 고통(苦)을 벗어나는 길이 된다.

(1) 생(有)을 오래 유지하려는 집착심
(2) 재물에 대한 집착(取)
(3) 탐욕(愛)

그러나 부처님께서는 인간의 의식구조가 심(心:제8식 아뢰야식), 의(意:제7식 말라식), 식(識:제6식) 중층구조로 이루어져 있어서 각 층에 끼인 때를 벗겨내야 청정함을 회복할 수 있다는 것이다.

위에 언급한 유(有), 취(取), 애(愛)는 제 7식 말라식의 영역가지이므로 제8식 아뢰야식에 낀 때는 여전히 남아 있음으로 이를 해소해야 만이 청정심을 회복할 수 있다는 것이다. 제8식 아뢰야식은 인간의 모든 행위 즉 업의 저장소라고 하였다.

사람이 죽으면 생전의 제6식과 말라식의 정보가 고스란히 아뢰야식에 저장되어 다음 생으로 이어지게 된다. 이를 '영혼' 또는 '중유' 라고 이름 하는 것이다. 수많은 윤회속에서 얻어진 지식과 정보들이 모두 영혼(아뢰야식)속에 입력되어 있다가 인연이 되면 현실화되어 나타나는 것이 바로 숙명인 것이다.

수행자는 최종적으로 제 8식인 아뢰야식까지 통과하여 그 본래의 공성(空性)을 자각(自覺)하여야 한다.

제 2 장
운명의 원리를 알면
길이 보인다

거 울

마음이라는 거울에
무엇을 비추느냐에 따라
나타나는 것이 운명이다.
긍정의 씨를 뿌리면 행복의 열매를,
부정의 씨를 뿌리면 불행의 열매를 따는 것이다.
그러므로 현실적으로 일어나는
개인의 일이나 국가사회의 현상이
마음의 반영인 것이다.

도 리

이웃을 자기 몸처럼 돌보며
사회현실에 적극 참여하는 것이
사람으로 태어난 바른 도리이다.
사회현실에 무관심하는 것은
인간으로서 바람직한 삶의 모습이 아니다.

헌 신

보살이란
자기의 소유물은 물론
신념과 믿음, 구원과 깨달음까지도
세상의 평화와 행복을 위해 버릴 수 있는 사람이다.
천국과 극락은
삶과 죽음을 논하는 교리나 철학을 벗어나고
좌와 우의 경계에서 벗어난 자의 것이다.
이것이 바로 무(無)의 정신이기도 하다.

태어날 때 운명의 패턴이 주어져 있다

로또 당첨이 행운일 수도 있고 돈 벼락이 될 수 도 있는 것은 그 큰돈을 소유할 수 있는 힘이 마음속에 있느냐 없느냐의 문제와 연결되어 있다. 현실적으로 돈을 운영, 관리하는 능력의 문제가 아니고 마음속에 그 큰돈을 소유할 힘이 축적되어 있느냐 없느냐의 근원적인 문제인 것이다.

큰돈이 갑작스럽게 생기게 되면 감당할 수 없는 사람은 마음의 안정을 잃게 되고 그로 인해 자신과 가정을 망가뜨리는 패가망신의 길을 가게 되는 경우를 종종 목격하게 된다.

큰돈을 소유할 수 있다는 것은 오랜 세월 돈을 축적할 수 있는 피땀 어린 노력의 과정이 있었다는 것이다. 대부는 하늘이 내고 소부는 노력속에 있다는 말이 있다. 과거 오랜 생 속에서 돈을 축적한 노력의 과정이 있었기에 남들보다 더 쉽게 돈을 축적해 낼 수 있는 것이다.

자신의 무의식속에 큰돈을 축적해 낼 수 있는 재복(財福)의 씨앗이 프로그램되어 있었던 것이다. 기도의 원리는 어떠한 생각이 지속적으로 반복되므로 인하여 강력한 에너지의 축적이 무의식 상태에 각인되어 프로그램되어 있다가 시절인연이 도래하면 현실화 되는 것이다.

한 두 번의 생각으로 끝나는 것은 현실로 연결되기 어렵다. 창조의 메커니즘은 지속적인 생각이나 행위의 반복으로 무의식에 각인된 내면의 힘이 현실화되는 것이다. 즉 사념(思念)의 응집현상이 물질의 질과 양을 결정하게 되는 것이다.

생각의 반복이→ 행동이 되고→ 행동의 반복은 → 습관이 되고 → 습관의 반복은→ 운명을 지배하는 힘이 되어 무의식 속에 프로그램으로 입력되는 것이다. 기도는 무의식에 이미 각인된 정보를 관리하고 또한 필요한 새 정보를 입력하여 자신이 원하는 결과를 현실적으로 만들어 내려고 하는 작업이다.

칼융의 심리학이론에 의하면 우리의 의식구조는 현재의식, 전의식, 무의식으로 이루어져 있다고 보고 있다. 이는 불교의 유식학의 이론과 연관되어 있기도 하다.

인간의 현재의식이란 에너지가 분산되어 있다. 마치 깨어진 그릇의 파편처럼 조각조각 힘이 분산되어 있는 것이다. 마치 빛이 프리즘을 통과하게 되면 빨, 주, 노, 초, 파, 남, 보라는 일곱 가지 무지개 색깔로 나뉘는 것과 같다.

이러한 현실은 나와 너, 내 것 네 것 이라는 이분법으로 갈리어져 분열상을 일으키고 대립투쟁으로 이어지게 된다.

그러나 의식의 심층부로 들어갈수록 에너지가 하나로써 결집상을 보여주기 시작한다. 그리고 여기서 더 나아가 무의식(아뢰야식)까지 뚫고 들어가게 되면 시간공간의 별다른 제약을 받지 않는 사념의 파동이 물결처럼 흐르는 차원이 나온다.

그러나 아직은 물질적 차원보다 좀 정밀한 차원일 뿐이지 중생의 세계인 것만은 사실이다. 그것은 수수만년의 윤회전생의 삶속에 축적된 정보와 지식, 경험 내용의 영향력 속에 있기 때문이다. 수행자가 백천간두진일보(百尺竿頭進一步) 라고 하는 것은 바로 이 차원에서 주어지는 촉구이다.

이 차원에 머물게 되면 신통력을 발휘하여 상대의 마음을 읽어내고 귀신의 소리를 들을 수 있고 아픈 사람의 병을 치료할 수 있는 능력이 생기기도 하지만 그렇게 되면 대부분 귀신노름에 빠져서 혹세무민하다 결국에는 구렁텅이에 떨어지고 만다.

수행자는 육신이 죽어 저승으로 옮겨가듯이 마음이 죽어야 저승까지 벗어날 수 있게 되는 것이다. 바로 그곳이 부처의 자리요 도의 자리라고 하는 것이다. 역학에서는 이 자리를 태극이라 칭하며 육신과 정신 즉 양과 음이 분리되기 이전의 자리라고 하는 것이다.

남해안 다도해는 수많은 섬들로 이어져 있다. 겉에서 볼 때는 각 섬과 섬 사이가 따로 떨어져 별개로 존재하는 듯한 겉모습이 현재의식 상태로 너와 나로 구분 짓고 대립, 투쟁하는 갈등상태로 나타나게 된다.

그러나 바닷물을 다 거둬내 버린다면 그 수많은 섬들이 하나의 거대한 산맥처럼 이어져 있는 하나의 산에 해당한다는 것을 알 수 있는 것이다. 밖으로 에너지가 나뉘어져 분열상의 눈으로 보면 너나가 구분되지만 에너지를 안으로 집중하여 근본의식으로 들어가면 통일된 하나의 상으로 나타나게 된다.

대인은 에너지를 전체적으로 사용하는 법을 아는 사람으로 모든 것을 끌어안고 조화하며 통일된 안목의 소유자이기 때문에 이러한 마음상태가 덕망으로 나타나게 된다. 소인은 에너지를 자신만을 위해 사용하다 분열 속에 휘말려 고통을 불러오게 됨으로 덕망을 잃게 되는 것이다.

기도자는 에너지의 집중적인 사용을 통해서 시간을 통제하며 마음이 짓는 창조의 메커니즘을 효율적으로 사용하는 사람이다. 오랜 세월동안 일정한 행위의 반복으로 형성되는 정신에너지의 실현이 아닌 짧은 시간 속에서 집약적으로 사용되어 원하는 바 현상을 실현해 내려는 고도의 정신훈련인 것이다.

이러한 고도로 집중된 에너지를 사용하여 육신과 정신의 벽을 넘어서서 근본의식을 자각하는데 까지 나아가게 되는 것이다.

풍 경!

바람 따라 풍경소리 일어나고
바람이 흩어지면 풍경소리 잠잠하듯이
우리네 인생사도
인연이라는 바람 따라 일어났다
사라지는 것이다.
번거롭고 힘겨운 삶의 짐들을
잠시 내려놓고 볼을 스치고 지나가는 시원한 바람을 음미하여 보자.

운명으로부터 자유로워지는 길

'우리 삶의 방향을 결정짓는 무의식의 작용을 자각(自覺)
하지 못하면 이런 것을 두고 운명이라고 한다.'

– 칼 융(Carl Jung)

융은 우리에게 운명개척의 비법을 제시해주고 있다. 그것은
무의식이 우리 생활의 주요한 부분을 결정하게 작용하고 있는
데 이러한 마음의 메커니즘을 파악하여 무의식의 영향으로부터
자유로워지게 자각(自覺)하는 작업이 필요하다는 것이다.

그러므로 기도란 자신의 현실을 만들어내는 마음의 메커니즘
으로부터 자유로워지는 길이며 타고난 숙명으로부터 자신을 지
키는 운명개척의 수행이기도 하다.

부자는 부자대로 가난뱅이는 가난뱅이대로 생활 속에서 반복
되는 숙명패턴이 프로그램되어 무의식속에 내장되어 있다. 단지
우리는 이를 알아차리지 못하고 정해진 프로그램대로 움직이고
있을 뿐이다. 칼 융은 이것이 바로 운명이라고 하였다. 그러므로

사람의 생김새가 십인십색이듯이 운명의 패턴 또한 각기 다른 것이다.

전생에 지은 업에 따른 프로그램이 일정한 삶의 패턴을 만들어 내어 자신을 끌어가는데 아무런 이의제기도 없이 따라간다면 운명개척은 요원한 일이 된다.

우리 마음의 희로애락이나 생활속의 흥망성쇠를 결정짓는 운명의 프로그램을 이해하고 운명을 개척하기 위한 무의식의 심전(心田)속에 창조적인 발전을 위한 업그레이드 작업이 바로 기도라고 할 것이다. 그러므로 기도란 타고날 때 가지고 나온 각자의 운명 패턴을 이해하고 이를 창조적으로 발전시켜나가는 운명개척의 훈련인 것이다.

필자는 운명으로부터 자유로워지는 방법으로 자신이 타고난 전생의 이력서인 사주팔자를 바로 이해하도록 하기 위해 도서출판 '맑은 샘'을 통해서 《사주팔자》라는 저서를 출간한 적이 있다.

사주팔자 저서를 통해서 알리고자 한 것은 전생에 자신이 지은 업력에 따른 일정한 운명패턴이 타고날 때 결정되어 있다는 것이었으며 이를 알아차리고 무의식속에 프로그램되어 있는 업력의 작용으로부터 자유로워지는 개운법으로 기도의 필요성을 강조하였다. 지피지기면 백전백승(知彼知己,百戰百勝)이라는 속 담이 있다.

삶의 지도와 같은 운명의 정보가 들어있는 바코드인 사주팔 자를 통해서 자신만의 운명정보를 알아낼 수가 있다면 인생은 지금보다는 훨씬 행복하게 만들어 갈 수가 있을 것이다. 그러므 로 운명을 아는 것이 바로 자신을 알아가는 공부인 것이며 운명 개척의 길이 바로 기도하는 삶인 것이다.

운명이란 마치 씨알이 싹을 내고 줄기, 가지, 꽃을 피우고 열 매를 만들어 내는 것과 같다. 자연이 만들어낸 창조의 메커니즘 을 활용하는 인간의 의지와 노력에 따라서 그 중 많은 사람은 행복한 삶을 살기도 하지만 거의 대부분 고통의 현실을 허덕이 며 살고 있다.

운명의 프로그램이 작동하는 원리를 모르는 대부분의 사람 들은 불행한 삶을 살고 있는 것이다. 인터넷에 접속하면 수많은 정보와 지식이 입력되어 있다. 접속자는 자신이 원하는 내용을 검색을 통해서 손쉽게 습득할 수 있는 것이다.

운명이라는 것도 컴퓨터의 운영체계에서 벗어나있지 않다. 한 번 입력된 정보라도 수정작업을 통해서 바꿀 수 있듯이 타고난 운명의 프로그램을 미리 읽어내면 기도의 과정을 통해서 조절이 가능한 것임을 말씀드리고 싶다.

창조의 메커니즘은 내 생각이든 타인의 생각이든 잠재의식에 하나의 씨로 떨어지게 되면 그에 대한 씨앗의 정보내용에 따라 어느 시기에 가면 현실화되어 나타나게 된다.

그러므로 남을 미워하는 것도 나와 상대 모두 불행한 씨앗이 되는 것이요 남을 사랑하는 것은 나와 상대를 행복하게 하는 씨앗이 되는 것이다. 복을 짓든 화를 짓든 뿌린 자가 최종적으로 그 결실을 추수하게 되어 있는 것이 자연의 원리이다.

남을 위하여 산다는 것이 결국은 자신을 위해 사는 것이요 자기를 위해 사는 것은 곧 남을 위해 살아야 하는 길이다. '네 이웃을 네 몸같이 사랑하라' '보시하라' '봉사하라' 하는 '위하여' 사는 정신이 바로 그것이다.

수행이란 무엇인가?

수행이란 '배우고' '알고' '쌓고' 해서 되는 것이 아니다. 배울수록 알수록 쌓을 수 록 수행하는 것이 아니다.

그것은 세상 돌아가는 원리를 쫓아서 물질적 가치를 따라 세속의 길을 살아온 지금까지의 방식과 정반대의 길인 것이다.

좀 더 세련되고 좀 더 예리해 지고 좀 더 소유한 것으로는 '수행' 이라고 이름 붙일 수 없는 것이다.

'수행' 이란 '멈추고' '비움' 으로써 참된 자기가 자연스럽게 드러나게 하는데 있다. 불입문자 언어도단 직지인심 견성성불(不立文字 言語道斷 直指人心 見性成佛)이라는 불교의 가르침이 바로 수행이 무엇인지 어떻게 하는 것인지를 깨닫게 해 준다.

물질이 정교해지면 생각이 되고 생각이 조잡해지면 물질이 된다. 심지어 영혼이란 것도 물질이 정교해진 것에 불과한 것이다.

그러므로 이들은 실체가 없이 단지 인연의 조건에 의하여 '추상' 에서 '구체' 로 '구체' 에서 '추상' 으로 변화가 있을 뿐

본질이 변한 것은 하나도 없으며 본질에는 조금도 영향을 미칠 수 없는 것이다.

이 말의 뜻은 '물질의 개념'을 다루는 것은 도(道)와 마음(本性)을 깨치는 것 하고는 전혀 상관이 없다는 것이다.

육체미 선수가 몸을 고급스럽게 단련하고 꼴찌하는 학생이 학업에 매진하여 전체수석을 차지하고 기(氣) 수련자가 기를 단련하여 소주천, 대주천을 돌리고 신명공부한 사람이 귀신의 움직임을 보고 그들과 소통한다고 해서 도나 본성을 깨친 것이 아니라는 사실이다.

그러므로 '본성'이나 '도'라는 것은 배워서 알 수 있는 지식도 아니요 축적해서 이룰 수 있는 기운도 아닌 것이다. 오직 아는 작용과 축적하는 몸짓을 '멈춤'으로써 생사의 카르마에서 벗어나서 중생 놀음을 영원히 쉴 수 있는 것이다.

내가 아는 스님 중에 불광스님이라고 계신다. 이 스님이 출가하시기 전에 단전호흡 수련을 하여 소·대주천을 하며 기운을 자신이 원하는 대로 모으기도 보내기도 한다고 주장하는 친구 한 분이 계셨다.

이 친구는 이스라엘의 초능력자 '유리겔라' 처럼 원격으로 기를 보내서 물질의 변화를 일으킬 수 있다는 다소 황당한 이야기를 하곤 하였다.

어느 날 스님은 친구에게 하나의 제안을 하였다고 한다. 서로 팔씨름을 해서 친구가 이기면 친구가 얘기하는 기 철학에 귀 기우리도록 하고 친구가 지면 다시는 기가 어떻다는 둥 자기 앞에서 이야기를 하지 않는다는 조건이었다.

"그럼 친구는 기를 운용할 줄 아니 한 팔에 온 몸의 기운과 우주의 기운까지 다 끌어다 모으거라! 난 그런 것 할 줄 모르니 그냥 한 팔에 있는 힘으로 할 것이다. 그런데 친구는 정말 기를 한 팔에 다 모을 수 있겠는가?"

"그야 두말하면 잔소리지! 이래봬도 기공수련으로 진동하고 인체부양에서 소·대주천을 한지가 십 여 년이 훨씬 지났다. 그건 걱정하지 말게나!"

이리하여 두 사람의 팔씨름이 시작되었고 하나, 둘, 셋! 으랏차!! 소리가 떨어지기 무섭게 기공을 한다는 친구가 힘없이 지고 말았다.

"이 친구야! 넌 기를 운용하여 전신에 있는 기를 한 팔에 다 실을 수 있고 우주의 기운까지 실을 수 있는데, 고작 한 팔의 힘으로 상대하는 나에게 이렇게 싱겁게 질 수 있나? 다시는 누구 앞에서 기가 어떻다는 이야기를 하지 말거라!"

기는 인체활동의 원동력인 힘인 것이다. 어디까지나 물질적인 요소인 것으로 중생놀음에 불과한 것이다. 인체부양을 한다고 호들갑을 떨어도 사람이 종달새보다 높이 뜰 수 없으며 내공을 자랑하나 달려오는 고속전철을 막아 세울 수 없는 것이다.

자연과 사람이 짓는 변화의 이치를 깨닫는 것 그리고 이에 초연하여 어떠한 변화에도 흔들림없이 변화의 주체(中度)로서의 본성을 표현(本能)해 갈 수 있는 자유로운 공부가 중요한 것이다. 신앙생활을 하거나 도를 닦는 사람들 중에 평범한 일상을 살아가는 사람보다 마음 씀씀이가 못한 경우가 허다함은 그들의 믿음과 수행이라는 것이 도리어 자신의 에고를 강화시키는 수단이 되기 때문이다.

나는 누구인가?

'나'라고 하는 '에고'는 움직임이 없는 침묵속에서는 존재하지 않는다. 마음이 한 곳에 머물면 생각 또한 멈추게 된다. 사고의 흐름은 끊어져 버리는 것이다.

마음이란 하나의 운동성을 갖고 움직이다 그 운동이 정지되면 사고 작용도 멈추게 된다.

이러한 속에서는 인연에 의해 만들어진 것들은 아무 의미를 갖지 못하게 된다. 의식의 커튼이 거두어진 상태에서는 개체성은 사라져 버리게 된다.

온갖 생각이 일어나고 사라지는 것을 반복하고 있을 때만이 '나'라는 것이 있는 것처럼 여겨지는 것이다. 그러나 생각을 '멈춤' 침묵상태에서는 의식은 작동하지 않고 오직 관세음(觀世音)만이 세상사의 움직임을 그대로 비추어 내고 있을 뿐이다.

본질적으로 볼 때 인간 육체나 영혼 같은 개체적인 '나'는 더 이상 존재하지 않는다. 그러므로 개체적인 영혼의 윤회도 존재할 수 없다.

금강경에서 말하는 아상인상중생상수자상(我相人相衆生相壽者相)은 본래부터 존재하지 않는 것이다. 여기서 아상이란 '에고'를 말한다. 경험과 교육이라는 반복훈련을 통해서 축적된 지식, 여러 경로를 통해서 내 마음 한 구석에 모아 놓은 정보 등에 대한 기억으로 이는 과거의 산물이다.

과거 생에서 부터 어머니의 모태에 머무는 동안에도 그리고 이 세상에 태어나 현재까지도 '끌어모음'은 계속되고 있다. 텅 빈 마음의 구석진 곳에는 온갖 것들이 쌓여있으면서 가상의 마음을 만들어 낸 것이다. 이러한 가상속의 마음의 힘이 에고 즉 '나는 존재 한다' 라는 착각을 일으키게 하는 것이다.

나의 내면에는 하나의 점도 찍혀있지 않고 '이것은 이것이다' 라고 특정 지을 수 있는 것은 하나도 존재하지 않는다. 사람의 속 모습과 겉모습을 몸이라고 한다. 몸이란 '모음=모으다' 로써 현재를 끌어 모아서 과거화 시켜버린 구조물이다.

인간은 내면의 수많은 생각의 힘들이 동원되어 물질적인 옷을 입혀서 외부로 구체화하는 행동으로 옮겨지는 삶을 살고 있다. 이것이 하나님의 계명을 어긴 원죄(原罪)이며 업장(業障)이라고 하는 것의 정체이다.

인생이란 끊임없이 현재를 과거화하며 과거의 힘에 이끌려 살아가고 있는 것이다. 새로운 사실을 접할 때 잠시 기쁨의 탄성을 지르며 그것에 빠져들지만 머지않아서 현재의 과거화라는 습관이 발동하여 구태의연함에 식상하고 그래서 그것으로부터 멀어지려고 새로운 것을 찾아 나서게 된다.

이러한 심리기전을 알아차린 소수만이 착각의 굴레에서 벗어나며 대부분의 사람들은 만족을 모르는 탐욕스런 인간으로 고통의 쇠사슬을 벗어나지 못하고 살아가는 것이다.

그래서 사람은 누구나 바람을 피우려는 심리를 가지고 산다. 단지 주변의 시선을 의식하고 조심할 뿐이다. 작은 평수의 아파트에서 큰 평수의 아파트로 이사 가고 싶어 하는 마음이 바로 바람의 심리이다. 천만 원 모으면 다시 이천 만원을 모으고 싶어지는 것도 그러하다.

사람의 생각은 한 곳에 정착하지 못하고 끝없이 움직여 나아가게 되어있다. 그러나 여전히 안정하지 못하고 불행한 삶을 이어가고 있을 뿐이다. 부처님은 말씀하신다. 아상, 인상, 중생상, 수자상(我相, 人相, 衆生相, 壽者相)은 착각에서 일어나는 허상이라는 것이다. 이를 깨닫기 위해서 우리에게는 기도가 필요하다.

기도의 방편으로 '나무아미타불'을 염송하는 것으로 정했다고 가정해서 생각하자. 처음에는 하나의 가사를 일정한 곡조에 맞춰서 반복하는 것이 된다. 하나의 가사라고 할 때에는 하나의 가사가 독립된 개체로 존재하는 것으로 생각할 수 있다.

그러나 반복해서 '나무아미타불'을 외워나간다면 하나의 가사가 전체 곡조를 이루며 독립된 개체들이 하나로 연결되면서 전체가 된다. 과거 현재 미래가 하나로 이어지고 상하 전우좌우의 방향이 중앙이라는 자리 속에 녹아들어오게 된다.

이제 더 이상 '나무아미타불' 속에는 지금까지 축적해 나온 경험, 지식, 정보들이 움직여질 수가 없다.

꿈에서 깨어난 나는 더 이상 꿈속의 이야기로 끌려들어가지 않게 된다. 꿈을 깬 나를 꿈이 지배할 수는 없기 때문이다. 여기에는 더 이상 '나'가 존재 하지 않기 때문이다.

이제 과거의 산물과 자신을 동일시하여 자신 앞에 다가왔다 멀어지는 것이 수 없이 반복된다 해도 항상 새롭고 맨 처음과 같은 놀라움과 기쁨을 느끼게 되는 것이다.

항상 처음처럼 생명의 환희를 느끼는 것으로 이를 여여(如如)˚하다고 표현한다. 천변만화하는 현실속에 놓여있는 나는 구태의연함에 연연하지 않고 삶의 변화를 주체적으로 창조하며 자유로운 존재로 살아가게 된다.

항상 보던 그 얼굴을 또 본다고 지겨워서 새로운 애인을 찾아서 이곳저곳을 기웃거릴 필요가 없어진다.

과거의 기억력이 더 이상 현재 이 순간을 벗어나게 영향력을 미치지 못하게 된다. 그래서 부처님이 말씀하시기를 '마음을 현재에 멈추고 거기에 머물라' 고 한 것이다.

˚여여(如如) : '일체가 그러하듯 이와 같다' 라는 뜻으로 여래심(如來心)을 뜻하며 사려분별을 일으켜서 어느 한 편을 취하지 않는다. 존엄성을 회복한 변화의 주체로서 인간본성 그대로 표현하며 자유롭고 걸림없는 중도적인 움직임.

염불은 마음을 현재에 머물게 하여 과거의 기억들과 동일시하는 가공된 '나'로부터 벗어나서 가공된 '나'를 초연히 바라보게 해 줄 것이다. 이렇게 깨어난 의식은 가공된 '나'를 아무런 집착없이 적절하게 사용하게 될 것이다.

금강경에서 말하는 '응당 머무는 바 없이 생각들을 사용한다'는 것이 그것이다. 그러므로 본래부터 '나'는 없었고 기도를 통해서 확인되게 될 '나'도 없다는 것을 깨닫게 해 줄 것이다.

나가 없는데 '나'들의 집합이 어디에 있겠는가? 사상(四相 : 我相, 人相, 衆生相, 壽者相)의 모래 탑은 중도(中度)라는 진리의 바닷물에 허물어져 바다 속으로 영원히 사라져 버리는 것이다.

그러나 현실적으로 우리는 여전히 음과 양이라는 상대적인 분열 속에서 어느 한 편에 서야하고 믿어야 하며 그 믿음을 실천해야하는 상황 속에 놓여서 갖가지 편 가름에 휘말리고 인연들에 꺼둘리며 고통 속에서 살고 있다.

다불(茶佛)!

한 티끌 속에 우주가 깃들어 있듯이
동자승은 찻잔으로 그것을 표현하고 있다.
마치 부처님이 한 송이 연꽃을 들어 보이시던
소식과도 같은 것이다.
일상의 잡스러운 고민거리를
잠시 내려놓고
우리의 마음이
이렇게 위대한 부처님이라는 것을
한 잔의 차로 음미하여 보자.

제 3 장
기도에 대하여

언어와 문자 그리고 형상을 넘어서

금강경에 보면,

"약인색견아若人色見我, 이음성구아以音聲求我

시인행사도是人行邪道 불능견여래不能見如來"라는 말씀이

있다.

만약에 형상으로 부처님을 보려고 한다거나 음성으로 부처님

을 찾으려 하면 이 사람은 사도를 행함이니 여래를 보지 못한다

는 뜻이다.

또한 "범소유상凡所有相, 개시허망皆是虛妄,

약견제상비상若見諸相非相, 즉견여래卽見如來"라는 말씀이

있다.

무릇 있는 바 상은 다 허망하니 만약 모든 상이 상 아님을 보

면 곧 여래를 본다는 뜻이다.

인간의 완성이라는 과제는 먼저 철학적인 의문을 해소하기

위한 지적인 궁리를 넘어서서 본질적인 깨달음을 성취해야 가

능한 것이다. 이는 개체로 특정 지어지는 한계를 넘어서 전체와

만나는 것이기도 하다. 이 부분은 지적인 탐구를 통해서는 불가

능하며 오직 수행이라는 직접 체험의 길 이외에는 없다.

그리고 그 방법에 있어서는 화두를 비롯한 염불이나 명상의 여러 테크닉이 사용될 수 있다. 부처님은 위빠사나라는 호흡법을 중시하셨다. 역대 선종의 조사스님들은 화두를 매개로 하는 방식을 중시하였고 그리고 염불이나 진언 염송법을 통한 일반적인 방식도 있다는 것을 알 수 있다.

의식 활동은 사유와 행동의 영역이므로 언어와 문자가 사용되며 무의식 또한 상념의 차원이므로 예외 일 수 없다. 그러나 근본의식이라는 순수한 마음은 직관(觀世音)의 세계이므로 사물인식을 할 때 언어와 문자가 사용되지 않는다.

그러므로 금강경이나 화엄경의 게송에서는 진실무망(眞實无妄)이란 문자나 언어, 형상을 넘어서 있다는 것을 강조하고 있는 것이다.

수행자에게 '버리고' '비우고'를 강조하는 이면에는 본질이란 '무소유' 한 공허함의 영역이기 때문이다. 방편을 통한 마음공부의 시작은 결국에 가서는 그 방편의 힘으로 진정한 진실무망한 자신을 회복할 수 있게 된다.

그러므로 방편이라 하여 가볍게 여기며 결국 그것마저 버려야 한다는 말은 하지 말기 바란다. 방편은 최종으로 진실무망한 자신이 되기 때문이다. 화두가 바로 자기 자신이다.

지장보살이나 관세음보살을 외우는 것은 자기가 자기를 부르며 찾는 행위이다. 그러므로 방편이 곧 자기라는 것을 알아야 한다.

인간은 자신이 얼마나 왜소하고 무지 한지 모른다. 그러나 지적탐구를 계속하다보면 비로소 자신이 알고 있는 것이 얼마나 초라한 것인지를 안다.

양적으로 많은 지식이나 정보가 늘어났다고 하지만 그럴수록 자신의 한계를 절감하게 되는 것은 본질로부터 멀어져 있는 자신을 이해할 수 있기 때문이다.

그래서 지적여행을 중단하고 곧바로 수행으로 나아가게 되는 것이다. 소크라테스의 명언인 "나는 내 자신이 무지하다는 사실을 안다" 라는 말이 이를 웅변으로 잘 대변해 주고 있다.

깨달음은 사색이나 사념을 통한 문제가 아니라 수행이라는 실천의 문제인 것이다. 기도가 처음 시작할 때는 그 힘이 아주 작은 모래알 같이 미미한 것이지만 점차 힘이 생기고 속도감이 빨라지면서 문자나 언어, 형상을 다 빨아드리고 녹여버리는 힘이 있는 것을 알게 된다.

여기에 문자와 언어, 형상이 자리하고 서 있을 곳이 없는 것이다. 그러므로 기도자는 이를 명심하고 문자나 언어, 형상으로 무엇을 느끼고 듣고 보았다는 등의 기도체험 같은 망상에 집착하거나 망언을 해서는 안 된다.

만약 그러한 경계에 흥미를 느끼게 되어 그것을 사용하는데 소일한다면 크나큰 불행이 일어나게 된다. 그저 느끼면 느끼는 대로 들리면 들리는 대로 보이면 보이는 대로 지나치면 되는 것이다. 설령 그것이 부처님이나 보살님이 모습을 나타내고 음성을 보이셔도 그것에 반응을 일으키며 현혹되어서는 안 된다.

위성을 실은 로켓이 발사대에서 솟아 올려질 때는 연료통이나 추진체를 달고 있지만 지구궤도에 들어서기 전에 모두 분리시키는 것처럼 마음공부 역시 수행상의 여러 가지 경험들을 과정이라 생각하며 모두 떨쳐 버려야 비로소 넓은 창공을 향해 날아오를 수 있는 것이다.

지심귀명례(至心歸命禮)

> "지극한 마음으로
>
> 부처님과 보살님께
>
> 목숨을 다하여 의지하옵나니,
>
> 저의 이 간절한 소원을 이루게 하여 주옵소서!"

　기도는 '지심귀명례'의 뜻에 담긴 의미처럼 자신을 비어내고 목숨을 다 바쳐서 불보살님께 의지하며 기도를 성취시키겠다는 간절함이 있어야 한다.

　부귀라는 것은 세상의 재물과 이목을 모은 것이다. 그러나 정말 큰 부귀는 모으는 몸짓을 멈추고 자신을 비움으로써 자연히 얻어지는 것이다. 지식이란 세상 돌아가는 알음알이인데 정말 크게 아는 것은 아는 인식과정을 멈추고 있는 그대로 사물을 바라보는 것에서 얻어지는 지혜이다.

무엇을 이루게 해달라는 기도는 작은 바람이요, 바람없이 진행되는 기도야 말로 정말 큰바람인 것이다.

중국선종의 2대 조사이신 혜가스님이란 분이 계셨다. 달마대사에게 불법을 깨우쳐 달라고 간청하며 자신의 왼팔을 칼로 잘라 들어 보이며 진리를 깨칠 때까지 물러서지 않겠다는 결의를 보여서 제자로서 받아들여질 수 있었다.

기도자는 기도성취에 대한 결연한 의지가 서 있어야 비로소 부처님이나 보살님의 보살핌을 받을 수 있는 것이다.

그리고 기도기간은 반드시 지켜야 하며, 일정한 장소를 정해두고 하는 것이 좋다. 또한 수시로 몸을 깨끗이 씻고 의복을 청결하게 입어야 하며 사람들과 접촉을 가능한 한 피해야 한다. 그리고 출가수행자가 아닌 일반인으로서 기도는 장기간의 기도보다는 단기간(3일, 7일, 21일)을 정하여 실행함을 권한다.

※ 기도에 임할 때 갖춰야 할 다섯 가지 요건

1) 목숨을 걸고 기도를 성취시키겠다는 원을 세우라.
2) 불보살님이 반드시 인도하신다는 믿음을 가지라.
3) 불보살님께 참회하고 인도하심에 감사하라.
4) 뼛속까지 사무치게 간절한 마음으로 기도하라.
5) 보여도 안 본 척, 들어도 안 들은 척, 말을 하고 싶어도 말을 못하는 척, 생각이 있어도 생각이 없는 목석처럼 지내야 한다.

그리하여 기도가 끊어짐이 없이 생각 생각으로 이어지게 되면 자나 깨나 기도의 기운이 통하여 성취가 가까워지게 되는 것이다.

집에서 기도하시는 불자님들 중에는 작은 소불이나 불보살님의 사진이나 그림을 모셔놓고 있는 경우가 있는데, 기도할 때 공양물을 올려도 되는가를 묻는 경우가 있다.

이에 대하여 본 필자는 집 같은 개인 공간에는 공양물을 올리는 것을 권하지 않고 있다. 기도는 정성이며 그 정성심 하나만 있으면 물질을 초월하여 마음속에 빛나는 미덕을 품는데 부족함이 없는 것이다.

기도에 임하는 정성스런 마음 하나면 불보살님의 가피를 받는데 부족함이 없다고 본다. 다만 향은 기도공간을 청정하게 하고 마음을 편안하게 하며 기도자와 불보살님의 소통을  위한 마음의 준비로써 필요하다고 여겨 권하고 있다.

기도의 방법과 원리

처음에는 저음(低音)으로 천천히 시작하다가 정신이 지장보살(관세음보살이나 진언을 염송해도 된다) 네 자에 모아지기 시작하면 점차 속도가 빨라지게 된다. 이 때 소리를 좀 더 크게 올린다. 이는 자동차가 처음부터 속도를 낼 수는 없지만 운행이 진행되면서 기어가 처음 1단에서 시작하여 점차 2단, 3단으로 올라가면서 속도가 빨라지는 것과 같다.

물론 엔진의 힘이 강력하게 작동하게 되면서 에너지 사용량도 급속도로 증가하게 된다. 이처럼 기도도 처음은 저음 저속에서 나중에는 고음 고속으로 나아가면서 정신이 한곳에 모아지게 된다. 억지로 그렇게 하려고 할 필요는 없다 자연히 그렇게 되기 때문이다.

강력한 에너지는 의식의 심층부를 뚫고 들어가 전의식, 무의식을 통과하고 무중력상태에서 아무런 저항을 느끼지 않고 의식의 각 층을 자유로이 여행할 수 있게 된다.

기도자는 여기서 다겁생으로 인연된 온갖 업장(프로그램정보)을 녹일 수(업이라는 에너지 작용으로부터 벗어남)있게 되고 수행자는 한 발 앞으로 나아가 깨달음을 성취할 수 있는 기틀을 마련하게 된다.

그리고 머지않아서 확연히 깨닫게 되는 경지에 이르러 한 번도 움직임이 없는 무심(無心)한 자신의 원래 모습을 체득하게 된다.

의상대사의 법성게는 이를 구래부동명위불(舊來不動名爲佛)이라 표현하고 있다. 자궁은 움직이지 않는다. 단지 자궁 안에서 정자와 난자가 인연되어 태아의 활동만이 있는 것이다. 허공은 움직이지 않는다. 단지 허공가운데 만물과 인간이 태어났다 죽기를 반복하고 있을 뿐이다. 당신의 본질은 바로 자궁이요 허공이며 단지 생각하고 행동함에 따른 일시적인 현상만이 일어났다 사라질 뿐이다. 기도는 당신에게 이러한 깨우침을 갖게 해준다.

선승이신 수월, 용성스님으로부터 최근의 정일, 성철, 일타스님 등 수많은 스님들이 기도로써 숙세의 업장을 녹여 견성오도의 초석을 닦을 수가 있었다. 무거운 업장을 홀로 짊어지고 깨달음의 길로 나아가기는 많은 장애들이 생기는 것이 사실이다.

그럴 때에는 불보살님의 보살핌 속에 마음의 짐을 정리해내는 것이 수행 길을 훨씬 수월하게 하는 것이며 수행에 필요한 강력한 에너지충전도 가능하게 하는 것이다.

기도의 문구(진언이나 명호)는 가능한 한 짧은 것이 좋으며 단순한 리듬이 빠른 속도로 반복되면서 진행되는 것이 좋다. 그렇게 해야 여러 잡생각을 쉽게 컨트롤할 수 있기 때문이다.

기도가 어느 지점에 이르게 되면 몸이 사라진 것처럼 아무 느낌이 없으며 끝없이 분열을 통해 개체화를 만들어낸 의식활동은 멈추고 무심한 상태에 돌입하면서 밝은 영지(靈智)만이 드러나게 된다.

기도가 깊어진다는 것은 정신이 한곳에 집중되면서 마음이 스스로 중심을 확보하게 된다그 중심은 텅 비어있다. 하나의 점도 없는 그래서 시선을 어느 한 곳에 고정시킬 수도 없다.

그것은 공성(空性)의 회복을 의미 하는 것이다. 중심(中心)이란 기(氣)가 모여 있는 것이 아니라 기를 끌어당기고 돌리는 바퀴의 회전축과 같다. 항상 그 중심은 텅 비어있다. 그러므로 회전수가 많아질수록 내부의 빈 상태는 더욱 확장 되는 것이다. 중심은 비어 있으므로 고요하며 고요한 가운데 사통팔달(四通八達)의 지혜가 그 가운데 확연히 드러나는 것이다.

"응무소주이생기심(應無所住以生其心)"

이것이 바로 금강경에서 말하는 '응당 머무는 바 없이 생각이 일어났다 사라지는 경계' 이다. 생각을 억지로 일으킨 것이 아니라 텅 빈 마음이 마치 거울이 되어 그 앞에 비추어지는 사물이 드러났다 사라지는 것이다.

그리고 거울 속에는 나타나고 사라지는 흔적을 남기지 않는다. 본래 청정한 마음에는 어떠한 흔적을 남기지 않는다. 비어있기(空性)이기 때문이다.

그러므로 전체가 되어버린 본질적인 인간의 눈에 비추어지는 현상이란 머무는 바 없이 일어났다 사라지는 것에 불과하다. 심각함이나 갈등으로 인한 스트레스가 있을 수 없다.

그저 운동장에서 펼쳐지는 게임을 바라보며 즐기면 그 뿐이다. 게임이란 끝이 나면 선수와 관객은 다 떠나고 텅 빈 운동장

만이 그 자리에 있을 뿐이다. 이것이 나와 너를 구분하고 좌와 우로 나누어 대립하고 투쟁함을 멈추고 그 양자의 경계지점에서 상대를 이해하고 포용하는 중도적인 태도인 것이다.

요즘 선진각국에서 우주탐사, 군사정보, 기상관측, 정보통신 등 다양한 목적을 위해서 위성들을 쏘아올리고 있다. 각각의 위성들이 지구의 궤도를 따라 세계 구석구석에서 일어나고 있는 미세한 움직임까지 찍어 보내오니 가만히 앉아서도 실시간으로 정보를 검색할 수 있는 시대에 살고 있다.

이러한 위성들은 로켓 상단에 실려서 우주로 발사되게 되는데 그 발사과정을 보신 분들은 아시겠지만 연료를 태우면서 수천도의 열과 함께 지구위에 쏘아 올려지는 것이다. 이것이 바로 기도의 원리와 궤를 같이 한다.

인간은 죽게 되면 혼백이 분리되어 혼은 원래 왔던 하늘로 날라서 돌아가고 백은 흩어져 땅으로 돌아간다. 이를 옛사람들은 혼비백산(魂飛魄散)이라 하였다. 물론 돌아가는 과정이 순탄치 못하고 중도에 헤매는 일이 생길 수도 있다. 그것은 물질적 현상이나 정신적 활동으로 얻어진 기억 등에 집착된 마음이 자신의 자유로운 본 모습을 망각하여 생기는 것이다.

이런 경우에는 천도의식을 통해서 본래 무심한 마음의 공성을 깨닫게 하여 자기를 알아차리게 인도해 드리는 것이다. 위성을 실은 로켓도 발사되어 지구위에 올라 안착하지 못하고 중도에 폭발되어 추락하게 되는 경우가 생기기도 한다.

인간의 수행과 기도는 몸을 갖은 채 죽어서 체험할 수 있는 전 과정을 통과함으로 죽은 자가 자신의 육체와 세상의 모든 것을 버리고 그동안의 인연을 떠나 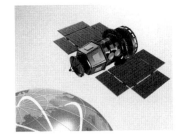 가듯이 수행자나 기도자가 이러한 무소유한 마음을 가질 때 비로소 도를 성취하고 기도를 성취할 수 있는 것이다.

그래서 기도의 여행을 떠나면서 짐을 가볍게 해야 편안한 여행이 될 수 있기 때문에 텅 빈 마음가짐이 필요하다.

....

*깊은 바다(氣海·海印)를 가로질러 인로왕보살(引路王菩薩)이 지혜의 배 인 반야용선(우주선)에 영혼을 태워 극락세계로 이주하는 은총을 입기도 한다. 생전에 염불기도를 열심히 한 공덕이나 후손들의 천도, 기도의 힘 등으로 가능하다고 하는데 진정한 의미의 극락왕생이란 무심한 자기의 마음을 깨닫는 그 자체에 있는 것이다.

또한 정해진 기간과 시간의 엄수는 절대적이며 오차가 생기는 것은 곧바로 기도의 실패로 연결된다. 기도나 천도의식을 통해서 죽은 영혼을 극락세계로 인도한다는 의미에 대하여 잠시 살펴보도록 하자.

1. 로켓연료통(육체)
2. 로켓 추진체(정신)
3. 상단의 머리 부분 위성(혼)

1단 연료통 분리-2단 추진체 분리-3단 위성지구에 궤도 안착되어 돌다(윤회) 인연을 좇아서 새로운 삶을 시작하게 된다.

4-인연의 법칙을 깨닫고 영(靈), 혼(魂), 백(魄)*의 허상에서 벗어나서 중도를 깨달아 생사윤회의 사슬을 벗어난다. 그러므로 육체를 알면 육체가 텅 비어 있으며, 정신이나 영혼 또한 실체가 없는 것이다.

....

*백(현재의식), 혼(말라식), 영(아뢰야식)은 실체가 없는 허상이다.

법 고!

잠든 마음을 깨우는 법고이다.
안도 밖도 사라진 '허공'에서 울려 퍼지는
부처님의 대자대비하신 음성이다.

둥~둥~둥~ 소리를 따라가노라면 그 소리의
근원인 부처님의 심정속으로 빨려들어간다.
그곳에서 우리는 일상의 상처입은 마음을
치유받고 평화와 기쁨을 얻는다.

탑(塔) 돌이의 진정한 의미

생명은 빛으로 창조되고

자연현상도 빛으로 존재한다.

그 빛은 회전하면서 직진한다.

눈으로 볼 때는 그냥 태양빛이 내리쬐는 것 같아도

실상은 돌고 돌아가는 이치를 따른다.

흐르는 물은 어떠한가?

그냥 물이 흘러가는 것 같아도

물방울들이 회전하면서 하나의 흐름을 형성하고

흘러가는 것이다.

세상은 돌고 있다.

죄악의 씨앗은 고통으로,

선행의 씨앗은 행복으로

돌고 도는 것이다.

대자연과 사회나 인간관계가 만남과 헤어짐의 연속선상에서 진행되는 것은 돌아가는 운행패턴 때문이다. 이것은 죽은 이후에도 진행되는 영혼의 삶에까지 연장되어 있다. 그래서 사람이 죽으면 돌아가셨다고 하는 것이다.

물이 흐르다 구멍 난 곳을 만나서 물이 빨려들어 갈 때를 보면 물 회오리를 일으키는 것을 보게 된다. 태풍이나 토네이도 같은 움직임을 보더라도 회전하면서 강풍으로 돌변하는 것을 볼 수 있다.

총알이나 화살도 허공을 향해 회전하는 가운데 날아간다. 견고한 물체를 드릴을 사용하여 뚫어낼 때에도 못이 회전하는 것을 볼 수 있다. 복중의 태아가 출산할 때를 보면 태아가 몸을 회전하면서 산도 밖으로 나오는 것을 볼 수 있다.

기도 또한 정신이 집중 될수록 회전수가 많아지면서 강력한 에너지를 생성시키며 그 힘으로 의식의 각층을 신속히 뚫고 무의식으로 진입하게 되는 것이다.

절에 가면 하늘을 뚫을 듯이 서 있는 탑이 있다. 탑의 시원은 부처님의 몸에서 나온 사리를 봉안하는 것으로 시작한 것이나 그 깊은 의미를 헤아려 보면 우주의 근원자리를 향해 나아가는 수행자의 의식과도 같은 것이며, 우주 여행을 위해 하늘높이 쏘아 올라가는 로켓의 모습과도 같은 것이다.

탑은 우주의 중심 곧 마음의 근원자리를 상징하는 것이다. 부처님의 가르침을 따라 수행 생활하는 사람들은 매일 매일 수행이라는 탑돌이를 하고 있는 것이다. 자신의 근본을 향해 나아가는 몸짓이 곧 탑돌이인 것이다.

탑이 빠른 회전을 하면서 돈다고 생각해 보라! 그렇다면 머지않아서 허공을 향해 날아오르게 될 것이다. 발사대에 장착된 미사일이 허공을 가르고 날아오르는 것도 같은 이치인 것이다.

돌아라,
돌아가라
그곳에 새로운 길이 있다.!
법성게를 독송하며 법당을 도는 것은
망자를 본래 왔던 자리로 돌려드리는
의식인 것이다.
삶의 진행이 막히는 죽음의 길목에서
새로운 세계로 유턴이 일어난다.

흐르는 물이 막히면
새로운 물길을 내며 흐르듯이,
인생도 가던 길이 막히면,
새로운 길을 찾아 나아가야 한다.

마음이 막혀 답답하고 사고가 단절되면,
동네를 한 바퀴 도는 것도 아주 좋다.
새로운 길로 연결되는 것을 발견하게 될
것이다.

기도의 방편

앞서 기도의 원리에 대하여 대충 말씀드린 바대로 기도는 온갖 잡스러운 생각들 까지도 원료로 사용하여 강력한 에너지원으로 활용하여 의식의 각층(현재의식, 말라식, 아뢰야식)을 뚫고 각 층에 내재된 정보와 지식과 마주하게 된다. 이는 기도과정에서 자연스럽게 얻어지는 것이지 그렇다고 기도의 목적은 될 수 없다.

지금도 우리 머리위에는 수많은 위성들이 정보활동을 위해 지구 위를 돌아다니고 있다. 그 위성들의 가지 수 만큼 이름도 다양하다. 그러나 모든 위성들이 정보활동을 한다는 목적은 같은 것처럼 '지장보살' '관세음보살' '나무아미타불' 등으로 불리는 것은 마치 위성들의 이름이 다른 것에 불과하다.

그러므로 기도자가 어느 불보살의 이름을 가지고 기도에 임할 것 인가 하는 것은 '인연' 따라 취하여 사용하면 될 것이니 너무 이름에 연연할 필요는 없는 것이다.

진언과 불보살의 명호를 암송하는 것이 어떤 원리에서 수행에 힘이 실리고 생활기도에 힘이 실리게 되는지 잠시 살펴보자.

인간은 태어나는 순간부터 사회적 존재로서의 삶을 시작한다. 그 첫 출발지가 가정이다. 가정의 확대가 사회이고 보면 맨 처음 시작하는 가정 분위기의 중요성을 아무리 강조해도 부족함이 없을 것이다.

부모의 보살핌 속에 길러지고 부모형제와의 관계를 배우는 것이 장차 사회활동상으로 이어지게 되는 것이다.
천지의 '관계'는 인간을 이 땅에 출현하게 하였고 부모형제라는 '관계'는 인간을 사회의 한 성원으로 편입되게 한다.

수행도 자신혼자서 외로이 나아가는 과정으로 보이지만 사실 보이지 않는 많은 보살핌이 이어지고 있는 것이다. 천지아여동심체(天地我與同心體)라고 하는 말이 있다. 하늘과 땅은 나와 그 몸과 마음을 하나로 한다는 뜻이다.

수행자가 수행을 이어가게 되면 천지도 함께 수행자를 보살피

며 그 마지막 도의 성취를 위해 함께 노력하는 것이다.

천신은 물론 귀신들까지 수행자를 지키며 받들어 나가는 것이다. 생활기도자 또한 그 소원을 성취하게 하기 위해서 불보살님들의 보살핌과 호법신장님들이 기도자를 보호하고 지켜나가는 수고를 아끼지 않는 것이다.

그래서 신인합발(神人合發) 이라는 얘기가 나오는 것이다. 관세음보살이나 지장보살 등 각 불보살의 명호를 부르면서 수행이나 기도를 해 나가는 것은 그분들의 원력(중생을 보살피겠다는 굳은 약속)의 힘을 받기 위함이다. 진언 또한 마찬가지이다.

깨달음을 성취하신 불보살님들의 기운이 압축되어 있는 것이므로 진언을 반복해서 암송하면 불보살님의 깨달음의 기운이 발생하기 시작한다. 이는 걷고 뛰고 달려서는 쉽게 먼 거리를 갈 수 없지만 달리는 차량이나 비행기에 몸을 싣고 있으면 먼 거리라 할지라도 단숨에 갈 수 있는 것과 같다.

그러므로 수행자나 기도자는 잠시도 불보살님들의 은혜를 잊어서는 안 되며 수행과 기도가 시작하고 끝날 즈음에는 감사와 찬탄이 있어야 한다. 나 홀로 축적이나 성공이 아니므로 이웃과 넓은 세상에 회향하는 것으로 마무리를 지어야 하는 것이다.

소리에 마음을 싣고…

"태초에 말씀이 계시니라 이 말씀이 하나님과 함께 계셨으니 이 말씀이 곧 하나님이시니라" "말씀이 육신이 되어 우리가운데 계시니 그 은혜와 진리가 충만하시니라" 위의 두 구절은 신약성서 요한복음 1장에 기록된 내용이다.

말씀이란 소리에 음성부호를 붙인 것으로 언어의 본질은 소리이며 파동의 흐름이다. 우주만물은 소리의 파동속에 출렁거리고 있으며 그 본질은 무심(無心)이다.

여기에는 어떠한 구분이나 경계가 없다. 다만 현상적으로 볼 때에만이 나뉘어져 있는 것이니 이는 의식의 끝없는 분열상이다. 주역으로 볼 때에는 태극이 음과 양으로 분화되고 다시 사상으로 팔괘로 육십사괘로 진행되는 무한대한 분열상이다.

그러나 근원적인 인식으로 볼 때는 일승묘법(一乘妙法)으로 연화상(蓮華相)을 이루고 있다. 그러므로 극락이 현실이며 현실의 고통이 열반의 즐거움인 것이다. 단지 전체적인 의식이냐 분열되어 개체화된 의식이냐에 따라서 그 느낌이 확연한 차이를 보이며 하늘과 땅만큼의 차이로 갈라놓게 된다.

인간의 마음은 수많은 사념 즉 소리들로 가득차 있다. 혼란스럽기까지 하는 이 소리들을 효과적으로 통제하며 내면의식으로 들어가기 위해서는 이동할 때에 하나의 소리를 이용하는 것이 유용한 수단이 된다.

소리를 정하는데 있어서 유념해야 할 점은 느낌이 살아 있어야 한다는 것이다. 물론 집중력이 강한 사람에게는 해당되지 않는 조건이다. 그러나 대부분의 사람들은 방편으로 사용하는 염불소리에 느낌이 살아 있어야 한다.

사랑하는 사람이나 부모가 자식을 부를 때를 보면 느낌이 살아 움직이고 있다. 뭐라 부르든지 느낌이 살아서 움직여 줘야 강한 집중력을 갖게 된다. 소리는 '생명'을 포장하고 있는 것에 불과하다.

그 생명은 느낌으로 통하게 되어 있다. 일례로 자기 부모님이 돌아가셨을 때와 이웃집 친구 부모님이 돌아가셨을 때 영정사진 앞에 엎드려 절을 올리며 '아버지! 어머니!' 하고 부르는 차

이를 생각해 보면 이해가 갈 것이다. 기도의 생명은 정감을 느끼는 것인데 그것은 간절함과도 통하는 문제이다.

당신은 정감이 느껴지지 않는 사람에게 사랑스런 눈빛을 보낼 수는 없다. 염불소리에 정신을 모으고 온갖 분열상을 일으키는 수많은 생각의 파동인 잡념들을 효과적으로 통제하여 전체적인 하나의 소리로 수렴하여 내려면 염불소리에 애정을 갖고 몰두할 수 있어야 한다.

평소에 지장보살, 관세음보살, 진언, 다라니등을 해온 경우라면 지속적으로 해 나가면 될 것이다. 소리의 파동에 마음을 집중하다보면 나중에는 소리속에 빠져들어 소리의 정감만이 느껴지고 결국에는 무심하고 안락한 상황속에 놓이게 된다.

칠팔십된 늙은 과부가 외아들을 잃어버리고 간절하게 아들 이름을 부르며 찾고 있을 때 입으로는 아들을 부르고 있으나 정신은 아들에게 집중되어 있는 것이다. 그리고 외아들에 대한 전체적인 느낌이 가득 차게 된다.

마찬가지로 기도자가 처음에는 지장보살(또는 관세음보살, 진언, 다라니)을 부르면서 기도를 하게 되지만 나중에는 지장보살님의 심정과 하나가 되면서 혼란된 마음에서 벗어나서 무심한 침묵속에 떨어지게 된다.

태아가 어머니의 자궁속에서 태동소리에 안락감을 느끼듯 기도자는 자신이 부르는 소리를 통해서 생명의 원천적인 느낌에 젖어 생명의 환희를 만끽하게 된다. 개별적인 대상에 대한 느낌에서 전체적인 통일된 느낌으로 깨어나 있는 것이다.

염불소리와 함께 진행된 기도는 염불소리속으로 들어가서 소리의 방편을 벗어 던지고 느낌의 근원처에 이르러 의식이 깨어남에 이르게 된다. 불가에서 영가천도제를 진행할 때 "조주스님은 몇 천 사람에게 차를 권하셨던가!" 라는 말씀이 있다.

차와 선이 하나라는 선다일여(禪茶一如)의 경지를 이야기 하는 다도의 세계도 맛을 통해서 하나된 감각을 일깨우는 방편으로 활용이 되고 있다.

소리로써 소리를 넘어서고 차로써 맛을 넘어서서 절대무념의 상태에 이르게 되는 것이다. 이는 뇌세포에 기억된 염불소리가 아니며 차 맛이 아닌 마음 깊은 중심에서 느껴지는 깨어있는 의식으로 근원적인 생명의 소리인 복음(福音)이라고 하며 불음(佛

音)이라고도 하는 것이다.

이 맛을 본 사람은 다시는 분열된 의식에 놀아나서 고통에 꺼둘리지 않고 전체적인 의식속에서 살게 된다. 아래의 조주스님의 차 공양에 대한 게송은 죽은 영가를 천도하는 데에만 해당하는 내용이 아니라 살아 있으나 실상은 죽은 자와 다름없는 인간에게 해당하기도 한다.

> "백초임중일미신(百草林中一味新), 조주상권기천인(趙洲常勸幾千人) 백가지 풀 중에 새로운 한 맛이여! 조주스님께서는 몇 천 사람에게 권하셨던가!"

아래는 성철 큰 스님께서 공부자가 지켜야 할 공부지침을 이야기하신 내용으로 참고가 될 까 해서 올려본다.

1. 많이 먹지 말라.
2. 많은 생각을 말라.
3. 많이 자지 말라.
4. 말 많이 말라.
5. 돌아다니지 말라.

성철 큰 스님께서는 위의 다섯 가지 지침을 따르면서 공부해도 깨달음이 생기지 않으면 "내 목을 따라!" 할 정도로 공부자가 지켜야 할 중요한 부분으로 생각을 하시었다.

그러므로 기도기간이 정해지면 그 기간 동안은 출가 수행자처럼 행동거지를 조심하며 전심전력을 다하여 기도에 몰입해야 하는 것  이 필요하다. 위의 다섯 가지 사항은 기도 성취를 위해 꼭 필요한 것이므로 지키기 위해 노력해야 하겠다.

그리고 더욱 철저하게 기도생활에 임하려고 하는 사람은 아래의 오계(五戒)를 지키는 생활을 하여야 하며 적어도 정해진 기도기간만이라도 반드시 준수하는 것을 원칙으로 해야 한다.

1. 불살생(不殺生)

   살아 있는 생명을 죽이지 말라.

2. 불투도(不偸盜)

   남의 물건을 훔치지 말라.

3. 불사음(不邪淫)

정당하지 않은 성관계를 말라.

4. 불망어(不妄語)

거짓말을 하지 말라.

5. 불음주(不飮酒)

술을 마시지 말라.

오계(五戒)는 불자가 되기 위해서 받는 생활 속 준칙사항이기
도 하다.

기도하라! 운명을 개척하려면

우리는 태어날 때 자신만의 고유한 바코드를 가지고 나온다. 바로 생년월일시에 따른 여덟자의 글자 곧 팔자이다. 이 팔자는 전생의 이력서로서 암호화된 숙명의 아이콘이기도 하다.

전생에 공부를 많이 한 사람은 공부하는 습관(업: 카르마)이 내면화되어 있어 이생에서도 공부에 적성이 나타난다. 또한 자신의 처지가 불우하여 공부기회를 놓친 것이 한이 되어 자라나는 청소년들의 학습활동을 위해 기여한 바가 있다면 이생에서 공부의 기회를 많이 만나게 되는 것이다.

어떤 사람이 맞았을 때 '맞을 짓을 했구만' 이라고 말을 듣는 경우가 있다. 전생에 많은 사람을 두들겨 패고 죄 없는 짐승을 때려죽이고 한 사람은 이생에 이유도 모르게 맞고 사는 경우가 생기고 심하면 맞아 죽는 일도 당하게 되는 것이다.

모두 원인과 결과에 의한 현상이다. 그래서 기도라는 것은 바로 전생의 잘못된 습관을 교정하고 올바른 습관은 더욱 개발하는 작업과정의 일환이기도 하다.

이러한 중심에는 잘못을 반성하는 마음(참회)과 이웃에게 사랑받는 올바른 처세를 하며 살겠다는 뜻(발원)이 있어야 한다.

어느 분은 "난 기도도 할 만큼 했고 착한 일도 앞장서서 할 만큼 했는데 왜 아직도 집안에 문제가 해결되지 않고 힘든 일만 계속되는지 모르겠다."고 하시는 분이 계신다.

주변에 보면 은행대출을 받아서 한두 달 이자를 못 내면 독촉장이 날아 오는 경우를 본다. 그동안 매달 꼬박꼬박 이자를 내다가도 조금만 밀리면 독촉장이 날아오는 것이 현실이다.

마찬가지로 그동안 기도생활과 함께 사회적 선행을 실천하는 일에 앞장섰다 해도 아직 해결해야할 전생 업이 남아 있는 경우가 있다. 이럴 때 지속적이지 않아도 간헐적으로나마 어려움이 발현되는 시기를 만나는 것이다.

이런 분에게 한 가지 비유를 해 드리고 싶다. 겨울 내 내 처마 끝에 매달린 고드름이 햇볕이 비추이면 녹아서 물방울들이 하나 둘씩 떨어지기 시작한다.

이 때 처마 앞을 지나가는 두 사람이 있어 그 중 한 사람이 말하기를 "고드름이 떨어지는 속도를 보니 1초에 한 방울씩이니 저 큰 둥치가 다 녹아내리려면 10시간은 걸리겠다."고 하자 다른 한 사람이 "그건 그렇지 않다! 고드름이란 햇볕이 강하게 내리 쬐면 빨리 녹아내리다가 어느 한 순간이 되면 뭉치째 떨어져 내린다."라고 말하는 것이다. 여러분은 누구의 말이 맞다고 생각하십니까?

기도란 지속될수록 강력한 에너지를 동반한 빛이 된다. 중단 없이 기도를 하게 되면 어느 한 순간 해와 달과 별이 뚝뚝 떨어져 내리고 지진이 나서 산이 무너지고 천둥번개에 오랜 고목나무가 벼락 맞아 부러지듯이 먹빛보다 더 검은 죄악으로 물들은 전생의 업장이 녹아내리는 체험을 하게 된다. 그런 연후에 비로소 현실의 질곡에서 초연한 자유인이 되는 깨달음으로 나아가는 것이다.

목 어!

잠드는 시간에도
눈을 뜬다는 목어를 쳐다보면
달마대사가 잠을 쫓기 위해서
눈두덩을 칼로 떼어내서
마당에 던졌더니
그 자리에서 차나무가 솟아났다는
이야기가 생각난다.
그래서 달마도를 보면 정말 눈두덩이가 없다.
수행자는 항상 깨어 있어야 한다.

염불의 세 가지 과정

'맑으면 밝아지고 밝아지면 통한다!!'

1) 칭명(稱名)염불 : 나무아미타불 여섯자를 염송하면서 마음을 그 소리에 집중한다. 현재의식에서 일어나는 온갖 불협화음을 다스리며 고통의 원인처를 찾아 마음의 여행을 떠난다.

꼭 나무아미타불이 아닌 관세음보살, 지장보살이나 진언이라도 상관없다. 그리스도나 성모마리아라도 전혀 상관이 없다. 어디까지나 하나의 방편이기 때문이다.

2) 관상(觀象)염불 : 마음을 집중하며 마음의 여행이 의식의 바다 한 가운데로 접근하면서 처음 온갖 상념이 불길같이 일어나며 괴로워하던 마음이 어느덧 참회의 눈물이 폭포수처럼 쏟아져 내리는 체험과 더불어 번뇌망상의 불길이 소멸되어 가게 된다.

....

*관상이란 상(象:마음에서 일어났다 사라지는 현상)을 관조하는 것을 이름 함이지 법당에 모셔진 불상을 바라보라든지 상상하라는 것이 아니다.

마음은 마치 뱃고동 소리가 울려 퍼지면서 먼 항해를 떠나는 여행선과 같이 의식계에서 어지러이 일어나는 상념들에 휘둘리며 부질없는 손짓 발짓을 하며 빛없는 어둠속에서 괴로워하는 자신을 발견하게 된다.

기도가 진행되면서 동이 터오는 새벽을 향해 나아가듯 서서히 마음이 맑아지는 정화의 과정을 거치면서 현실에 얽매여 있는 마음이 초연함을 보이게 된다. 마음은 정화되어 밝은 빛을 발하기 시작하니 환희심에 젖어들기도 한다.

묵은 때가 피부표면에 달라붙어서 마치 피부위에 또 하나의 두꺼운 층을 이루고 있다가 물에 부풀어 올라 떨어져 나가듯이 마음 밑바닥의 묵은 상념과 감정의 흔적들이 층층이 쌓여 자신의 마음을 꽉 쥐고 있다가 깨끗이 소멸되어 사라지는 해체과정을 체험하게 된다.

3) 진여(眞如)염불 : 부처와 중생의 경계가 사라지는 참으로 진여(眞如) 곧 일여(一如)의 경지에 든다. 미세한 상념과 감정의 흔적조차 사라지고 모든 의식계의 경계선이 무너져서 모든 차원이 하나의 경계선상에 드러나게 된다.

마치 산을 오를 때 응시하는 전방 이외에는 건너편과 좌우, 뒤편이 보이지 않던 것이 산 정상에 이르면 동서사방의 경계가 사라지고 하나의 경계속에 드러나 한 눈에 들어오듯이 된다. 애써 보려고 해서 보는 것이 아닌 그냥 자연경관이 보여 지는 상황이다.

커튼을 열면 창문 밖의 전경이 눈에 들어오듯이 그냥 '보여지는' 것이다. 이것이 바로 관세음의 경계이다. 그리고 각 경계에 머물며 스스로의 마음을 가둬놓고 고통속에 허덕이는 중생계의 참상을 슬퍼하며 구제하겠다는 대자대비심이 일어나게 된다.

지장(地藏)보살은 땅속에 품었다는 의미로 마치 산모가 태아를 배속에 품고 보호하며 길러내는 것과 같은 뜻이다. 모든 불보살님들은 중생을 자식으로 여기며 자신의 모든 것을 다 바쳐 희생하는 수고를 아끼지 않으시는 성스러운 어머니(聖母)라고 할 것이다.

일체중생을 제도해야 하는 성스런 과업이 자기에게 있음을 알게 된다.

기도의 삼종가피력(三種加被力)

식물은 땅에 뿌리를 박고 살지만 인간은 하늘에 뿌리를 박고 사는 영물로서 혈통을 통한 조상의 기운과 감응이 일어나고 기도를 통한 불보살님들과의 교감을 통해서 원하는바 보살핌이 일어나게 되는 것이다. 그 종류를 나누면 세 가지가 된다.

1) 몽중가피(夢中加被)

사람이 잠을 잘 때에는 의식작용이 쉬는 대신 무의식상태를 드나드는 의식의 리듬을 갖게 한다. 불보살님께 간절한 자기 의지를 전달하였을 경우에는 수면상태에 효과적으로 불보살님의 가피력이 작용하기 용이하게 된다.

그래서 몸에 이상이 있는 경우 약을 받아 마신다거나 침을 꽂아 주신다거나 아니면 철장으로 아픈 부위를 두들겨 맞는다거나 하는 체험을 통해서 앓고 있던 병환이 씻은 듯이 낫는 경우가 생기는 것이다.

또는 시험자가 합격발원을 하고 공부와
더불어 열심히 기도생활을 하였을 때 시험
당일 꿈에 출제될 문제를 미리 보게 되거나
당면한 문제해결을 위한 어떤 메시지를 전
달 받는 것 등이 몽중가피에 해당한다.

공부하는 제자 중 한 분이 몸이 아프신 분이 있는데 관음기
도를 지성껏 염송하라고 숙제를 내주었더니 어느 날 관세음보
살이 나타나서서 아픈 부위를 주먹으로 두들겨 주더라는 것이
다. 너무 아파서 소리를 지르는 바람에 놀라 깨어났는데 그 뒤
에 아픈 증세가 없어졌다고 한다.

20년 동안 가슴앓이로 고생하는 제자가 있었는데 자나 깨나
지장보살님을 염송하며 지내라고 숙제를 드렸는데 어느 날 꿈
에 자기 입 깊숙이 손가락을 집어넣더니 무 줄거리마냥 생긴 기
다란 것을 한정 없이 잡아당겨 꺼내더라는 것이다.

그런 체험을 한 이후로 가슴이 편안하게 되었다 한다. 이러한
것이 꿈을 통해서 이루어지는 불보살님의 가피이다.

2) 현증가피(顯證加被)

현실적으로 당면한 문제해결을 위한 움직임이 일어난다. 천우신조(天佑神助:하늘이 돕고 신이 돕는다) 라는 것이 현실적으로 나타난다. 자신이 원하는 바가 바로바로 나타나는 것을 말한다.

필자도 이절 저절 떠돌며 비바람이라도 피할 수 있는 그런 토굴이 하나 있었으면 하는 생각을 하며 지내던 시절이 있었다. 그래서 짐이라도 풀어놓고 쉬고 싶을 때 누구의 구애도 받지 않고 지낼 수 있는 토굴을 마련하고자 백일기도를 올린 적이 있다.

기도 기간에 오래된 지인이 몇 분의 불자들을 이끌고 내가 기도하는 곳에 다녀간 일이 있었는데 그 중 한 보살님이 복을 짓기를 원하여 훗날 필자를 소개해주게 되었는데 그로인하여 오늘날 내가 몸을 의지하고 지내는 토굴을 마련할 수 있게 되었다.

3) 명훈가피(冥熏加被)

영천에 사는 김 부장님이 계시는데 새 해 신수가 불길하게 느껴져서 열심히 관음기도를 하시라고 숙제를 내 드렸다. 술을 너무 좋아하셔서 하루에 두 병씩을 꼬박 마시고 주무시는 것으로 하루를 마무리하고 사신지가 꽤 오래 되었던 분이다.

그래도 내어준 숙제는 잊지 않고 열심히 하고 계시는 것으로 보아 다행이라는 생각을 하고 지냈는데 어느 날 출근길에 횡단보도서 주행신호를 기다리며 정차하고 있던 차량을 들이받는 사고가 발생하였다. 차를 폐차할 정도로 충격이 있었던 사고였다고 한다.

하지만 신기하게도 그분은 몸 하나 다치지 않은 상태였다. 주변에서 모두들 차가 이렇게 망가졌는데 사람이 멀쩡하다니 믿어지지 않는다고 한다는 것이다. 지금도 그 때 사고 얘기를 할 때면 "제가 부처님의 빽으로 살지 않습니까!" 라고 웃으면서 얘기하신다. 이제는 그렇게 즐겨하시던 술과도 작별하시고 더욱더 기도에 열중하며 마음공부에 매진하고 사신다.

이처럼 명훈가피란 실제 생활 속에서 크고 작은 문제들에 부처님의 보살핌이 이어지는 것을 말하는 것이다. 좋은 일이든 나쁜 일이든 그 상황에서 자신에게 유리하게 상황이 만들어지고 보살펴주시는 것을 느끼게 된다.

지장보살찬탄(地藏菩薩讚歎)

지장보살 신묘위력 비할데없네
금색화신 곳곳마다 고루나투사
삼도육도 중생에게 묘법설하여
사생십류 중생들이 자은을입네
장상명주 천당길을 밝게 비추어
금석떨쳐 지옥문을 활짝여시고
누대종친 친척들을 이끌어내어
구품연대 부처님께 예배께하네.
나무대원본존 지장보살 마하살!

광명진언(光明眞言)

> 옴 아모가 바이로차나 마하무드라
> 마니 파드마 즈바라 프라바를 타야 훔

이 진언의 효험은 한 마디로 자기의 본래 청정하고 밝은 행복한 모습을 깨닫게 하며 현실의 고통스런 질곡으로부터 자신의 행복한 마음을 지켜내면서 자신에게 주어진 책무를 성실히 이행하게 하는 부처님의 무한대한 복과 덕망과 지혜의 에너지를 함축하고 있다.

그러므로 이 진언을 암송하게 되면 무거운 죄업으로 칠흑 같은 어둠에 덮혀 있는 마음일지라도 빛의 파동속에 들어가서 자연히 맑아지고 밝아져서 무한대한 복과 덕과 지혜가 일어나게 되는 것이다.

수행자는 지혜가 열리고 생활인은 복이 다가오며 악도에 떨어진 죄수나 지옥귀신이라도 본래의 어질고 착한 심성을 회복하여 새롭게 거듭남의 큰 변화가 생긴다.

해동의 성자로 알려진 원효대사는 그의 저서 유심안락도(遊心安樂圖)에 이 진언의 효과에 대하여 크게 강조하고 계신다. 일설에 의하면 원효대사는 가지고 다니는 바가지에 맑은 모래를 담아 108번의 광명진언을 염송한 다음에 이를 묘지나 시신위에 뿌려서 영가를 극락세계로 천도하였다고 한다.

그러므로 돌아가신 망자를 위해 제사시간이나 천도재를 지내는 기간 동안 광명진언을 외우며 극락왕생을 발원하면 반드시 영가가 그렇게 된다. 시간은 향 한 개가 타들어가는 시간이면 족하다 하겠다.

유심안락도에 실려 있는 내용을 보면 "만일 중생이 이 진언을 두 번이나 세 번, 또는 일곱 번을 귀로 듣기만 하여도 모든 죄업이 없어지게 된다. 또 중생이 십악(十惡)과 사역죄(四逆罪)와 사중죄(四重罪)를 지어 죽은 다음 악도(惡道)에 떨어질지라도 이 진언을 외우면 능히 해탈을 얻을 수 있다.

특히 그릇에 흙이나 모래를 담아놓고 이 진언을 108번 외워 그 모래를 시신 위에 흩거나 묘지 또는 묘탑 위에 흩어주면 비로자나 부처님의 광명이 망인에게 이르러 모든 죄업을 소멸시켜

줄 뿐 아니라 서방 극락세계의 연화대로 인도하게 된다.

모래를 묘위에 흩는 것만으로도 극락왕생하거늘, 하물며 진언으로 옷을 지어 입고 소리를 내어 외우면 어떠하겠는가? 모래를 흩는 공덕보다 진언을 외우는 공덕이 더 수승함은 말할 것도 없다." 라고 말하고 있다.

지장보살본원경(地藏菩薩本願經)이나 관정수원왕생시방정토경(灌頂隨願往生十方淨土經)에서는 죽은 망인을 위해 복을 닦아 주고 기도를 해 주면 7분의 1은 죽은 망인에게 가고 나머지 6분은 공덕을 지은 사람에게 간다고 말하고 있다.

한 마디로 부처님의 무한대한 복과 덕과 지혜의 기운에 접속되어 기도자의 내면으로 그 무량공덕이 흘러들어오게 됨으로 인하여 대 변혁이 일어나게 되는 것이다. 염송하는 소리의 파동이 의식의 심층부 속으로 뚫고 들어가면서 극소, 극대의 무한대한 시간과 공간속으로 빛의 파동을 일으키게 되는 것이다.

염송의 신묘함은 기도자 본인에 국한되지 않고 기도자와 인연된 모든 산자나 죽은 자나 다 함께 큰 가피를 입게 되는 것이다.

일상이 기도가 되어야 한다

기도는 마음을 한 가지 일에 쏟아내는 것이다. 즉 한 가지 대상에 모든 에너지를 집중하는 것이다. 문제는 출가수행자라면 모를까 일반 생활인으로서 행주좌와(行住坐臥), 어묵동정(語黙動靜) * 가운데 기도를 이어 가기가 어려운 것이다. 그러므로 정해진 기도시간 이외에는 '현재'에 충실하는 습관을 들여야 한다.

자신이 하는 일에 전심전력하는 마음이라면 정해진 기도의 시간까지 그 한 가지 일에 몰입하는 태도가 이어질 것이기 때문이다. 비오는 날 전봇대 위에 올라가서 작업하는 전공이 염불에 정신을 집중하는 것은 잘못된 것이다.

그 때에는 오직 하는 일에 모든 정신을 집중해야 할 것이다. '현재'에 집중하지 못하는 불성실한 태도는 기도에 도움이 되지 않는다.그래서 옛 도인이 말씀하시길 '배고프면 밥 먹고 졸리면 자는 것이 도'라고 한 것이다.

....

* 행주좌와어묵동정(行住坐臥語黙動靜):행은 걷는 것, 주는 머무는 것, 좌는 앉는 것, 와는 눕는 것, 어는 말하는 것, 묵은 말하지 않는 것, 동은 움직이는 것, 정은 동작을 멈추는 것 등을 말 한다.

현재 하는 일에 성실하게 임하는 태도가 기도자의 일상이라는 것을 알아야 한다. 그래서 차 마시는 것이 기도가 될 수 있으며 글을 쓰거나 그림을 그리거나 가수가 노래하고 운동선수가 운동을 하고 노동자가 건설현장에서 힘든 일을 하는 등 일상의 모든 일이 불공이 되는 것이니 일상생활이 곧 기도라는 생활기도의 중요성을 인식하여야 할 것이다.

생활의 질서가 흐트러지고 평소 주변으로부터 인심을 잃고 사는 사람이 잠시 절에 가서 기도를 한다거나 집에서 기도를 한다고 부처님이 굽어 살펴실리 없다.

> 발길이 이르는 곳마다
> 부처님 안 계신 곳이 없으니
> 그 하는 일을
> 부처님께 불공을 올리는 정성심으로 몰입해야 한다.
> 학생은 공부에
> 선생님은 교육지도에
> 경영자는 경영에
> 주부는 가사 일에
> 직원은 맡은바 일에 전념하는 것이
> 바로 생활속의 불공인 것이다.

마음을 비운자만이 풍요를 만끽한다. / 월산 作

행복을 위한 노래

진언이나 다라니는 천지만물을 탄생시킨 원동력인 기운이 압축되어 있다. 이제 이 원초적인 기운을 사용하여 그동안 밖으로부터 주어진 기준에 맞춰 사느라 지쳐있는 육신과 정신에 생기를 불어넣는 기도의 작업이 필요하다.

외부로부터 휘둘림을 당하여 기진맥진한 내 자신을 어루만지며 생기 충만하게 보듬어 줄 시간이 필요한 것이다. 현실적으로 보면 부족한 부분을 많이 가지고 있는 내 자신이지만 내부적으로 보면 이 세상 그 무엇과도 바꿀 수 없는 존엄한 내 자신이요, 그 누구도 내 자신을 대신하여 삶을 살아 줄 수 없는 유일무이한 자신인 것이다. 뿐만 아니라 내 자신을 대신하여 죽어 줄 사람도 이 세상에는 없는 것이다.

이러한 내 자신을 부처님은 천상천하유아독존(天上天下唯我獨尊)이라 하셨으며 예수님은 독생자(獨生子)라고 하셨다. 이제 행복으로부터 내 자신을 멀어지게 하는 밖으로 비교하고 밖으로부터 주어진 기준에 맞추어 살아가려는 태도를 잠시 동안이라도 멈추고 내면의 내 자신을 사랑 해 주도록 노력해 보자.

그것이 내 자신이 행복하게 사는 길이기 때문이다. 그러므로 기도란 내 자신의 행복을 위한 노래인 것이다. 그리고 당신이 하는 일들이 행복하다고 여겨질 때 그것은 기도가 될 것이다.

놀자니 염불하고 염불하니 즐겁다

불교에서는 우리네 삶을 고해(苦海)라고 한다. 생로병사 네 가지 고통에 '애별이고' '원증회고' '구불득고' '오음성고' 네 가지를 더하여 여덟가지 고통을 말하고 있다.

이러한 고통은 우리가 살고 있는 만물창조의 시스템 때문에 생기는 자연적인 현상이다. 이 세상은 음과 양이라는 두 가지 서로 다른 기운이 충돌하기도 화합하기도 하면서 에너지를 만들어 내게 된다.

물리적으로 보면 안으로 향하는 구심력과 밖으로 향하는 원심력이 서로 작용하며 물체가 돌아간다. 삶이라는 현실은 수많은 과거로부터 이어져 온 묵은 기운이 당기기도하고 밀어내기도 하면서 우리를 끌어가고 있는 것이다.

이것을 숙명이라고 하고 미래에 실현할 꿈과 이를 이루겠다는 의지력의 발현으로 현실을 끌어가는 힘을 운명이라고 하는 것이다. 그러나 과거를 딛고 미래를 창조해내는 우리의 삶은 항상 고통의 질곡에서 허우적거릴 수밖에 없는 모순된 상황에 놓여 있다.

그것은 현재의 과거화라는 습관적인 행동성향 때문이다. 불교의 가르침은 '고해'에서 벗어나서 '열반'의 기쁨을 누리는데 있다. 그럼 어떻게 그것이 가능할까 생각을 해 봐야할 것이다.

바로 견성성불(見性成佛)이라 하고 있다. 즉 이리 저리 대상을 따라서 이동하는 '마음의 바람기'를 쇠말뚝같이 견고한 기둥에 묶어놓고 주시(바라봄)하라는 것이다.

옛 노인들은 이를 '고양이가 쥐 잡듯이' 하라고 표현 하였다. 어려운 것 같지만 실천해보며 누구나 쉽게 시작해 볼 수 있고 그 효과는 짧은 시간동안이라도 크게 나타나게 됨을 확인할 수 있다.

한 가지 대상을 정해서 그곳에 마음을 집중한다. 그리고 집중상태를 계속 유지해 나간다. 돈이 돈을 벌게 하고 이자에 이자가 불어가듯이 집중의 힘은 마침내 큰 에너지를 만들어 내게 된다. 그리고 그 에너지의 추진을 받아서 음과 양이라는 상대성 세계가 만들어내는 모순의 장벽을 투과하게 된다.

모든 것이 인연에 따라 모였다 흩어졌다 하는 것을 알게 된다. 실체가 없는 꿈같은 현상에 더 이상 마음이 꺼둘리지 않게 된다. 마침내 음과 양이라는 두 상반된 에너지가 작용하여 만들어내는 실체 없는 현실도 이해하고 이에 초연한 마음도 깨닫게 된다.

이러한 상태는 천당이나 지옥 어디를 가든지 다시는 휘둘림을 당하지 않는 자유인이라고 표현할 수 있다. 불교는 이를 '열반의 즐거움' 이라 하여 '지극한 기쁨' 이라고 한다.

상대에 따라서 기쁘기도 때론 괴롭기도 했던 그런 조건에 의한 즐거움이 아닌, 생각을 비우고 어떠한 시도도 접음으로 해서 찾아든 노력 없이 단지 '바라보는 것' 으로 얻어진 절대적인 기쁨(행복)이다.

평소 '관세음보살' 이나 '지장보살' 을 부르던 분은 그것이 열반으로 인도하는 방편이 되는 것이니 그대로 밀고 나가면 되는 것이다.

> 염불은
> 부처님을 부르는 소리이며,
> 자신의 영혼을 일깨우는 소리이며,
> 열반의 즐거움을 만끽하는 소리이다.

1) 기도방에 소불이나 불보살님의 사진을 모셔놨을 경우에는 그곳을 향해 절을 세 번 올린다. 향은 긴 것은 1시간, 작은 것은 30분 타들어가니 허용된 시간에 맞추어서 하면 된다.

2) 아미타불이나 보살의 명호나 또는 진언을 외운다. 처음에는 큰 소리로 외우는 것이 수많은 생각을 다스리고 단조로움에서 생기는 졸음을 쫓는데 도움이 된다.

3) 마음이 어느 정도 안정이 되어 집중력이 강해지면 그 때는 밖으로 소리 내던 것을 멈추고 마음속으로만 외운다. 그러다 잡념이 일어 집중력이 떨어지게 될 때에는 다시 소리 내서 외운다.

4) 잡념이나 졸음이 걷잡을 수 없을 정도로 쏟아질 때에는 천천히 걸으며 발자국에 마음을 집중하여 염불을 한다. 법당을 돌거나 탑을 돌면서 하는 것이 좋다. 집에서 할 때에는 원을 그리며 방안을 도는 것이 좋다. 잡념과 졸음이 다스려지면 다시 정좌하여 하던 염불을 계속 이어간다.

5) 기도의 리듬은 일상 생활속에서도 이어져야 비로소 성공적인 기도 성취를 기대할 수 있기 때문에 자나 깨나 앉으나 서나 기도의 제목을 잊어버리면 안 된다. 기분이 좋거나 나쁘거나 순

간순간 기도의 제목을 붙이는 습관이 필요하다. 예로 자신이 관세음보살 염불을 하고 있는데 기분이 상할 일이 있다면 '관세음보살' 기분 좋을 일이 있어도 '관세음보살' 을 찾으라는 것이다.

불 교(佛敎)!

불법만나기는 어렵다.
그러나 만나서 행하기는 더욱 어렵다.
일체의 악행을 하지 말고,
일체의 선행을 실천하는 것이 불교의 가르침이다.
그러나 이를 실천하기는
여든 살 먹은 노인도 어려운 것이다.
생활 속에서
수행의 맥을 잃지 않는 방법은
한 가지라도 악행을 멀리하고,
한 가지라도 선행을 실천함에 있다.

기도자는 순수함을 최대의 무기로 삼아라!

기도자가 변화에 꺼둘리지 않고 초연해지는 단계에 이르면 '순수'를 회복한 상태이다. 그러므로 기도자가 순수하지 않으면 마음수련이 효과적으로 진행될 수 없다.

우리의 주변에 보면 시시비비를 따질지도 모르고 자기 실속을 챙기지 못하는 마음 여린 사람이 있다. 이런 사람을 가리켜 '바보' 같은 사람이라고 한다.

우리는 그런 사람에게서 순수함을 읽을 수 있다. 그러나 그에게는 자기에 대한 자각이 없다. 그것은 어린아이들의 모습에서 읽어볼 수 있는 순수함과도 같은 것이다.

역시 어린아이는 의식의 각성이 없다. 진정으로 '순수'한 사람이란 생사에 걸림없는 사람으로 자신이 원하면 언제 어느 곳에서든지 상대성이 끊어진 열반의 상태를 자기 의지대로 드나들 수 있는 사람을 말한다.

어떤 것이든지 하나의 사물을 대상으로 삼아 하나에서 또 하나로 옮겨가는 생각의 움직임을 멈추고 전체적으로 의식의 변형을 가져올 수 있는 사람인 것이다.

한 스님이 도 높은 스님께 묻는다.
"무엇이 불법의 큰 뜻입니까?",
"뜰 앞에 있는 잣나무니라"

하나의 잣나무가 우주라는 전 생명체와 통하는 관문인 것이다. 푸른 산인들 아미타불이 안 계실 이유가 없으며, 망망한 대해가 펼쳐진 수평선은 그 자체로 삶과 죽음이 끊어 진 적멸(寂滅)이며 대 광명 또는 적광(寂光)이다.

북!

하늘과 땅,
사람을 하나로 통하게 하는
삼태극문양의 법고소리를 들으면
하늘과 땅이 거대한 북이 되고
텅 빈 마음이
울림으로 가득찬다.

그것은 우주가 살아 움직이는
'소 울음소리'인 것이다.

안과 밖으로 부터의 행복

온갖 생각들을 멈추면 비로소 전체로 통하는 길이 열려서 그 길을 따라 흐르게 된다. 그것이 바로 산은 멈추고 물은 흐르고 있다는 '산은 산이요 물은 물' 인 것이다. 외부로 향하는 관심과 그리고 외부에서 내부를 강제하는 어떠한 영향으로 부터도 자유로운 마음이 되어야 마음이 행복하게 된다.

인간의 외부의식이나 내부의식인 무의식까지도 하나의 거대한 힘이 되어 자기 자신의 진짜 모습을 왜곡시키고 있는 것이다. 그것이 설사 공의(公義)로운 생각이라 해도 본래의 의도하고는 상관없이 충돌이 일어나게 되어 있는 것이다.

입으로는 평소에 선을 부르짖는다 해도 때로는 자신과 색깔을 달리하는 상대를 적으로 규정하며 선의 이름으로 강제하는 모순된 광기가 발동하여 일어나게 되어 있는 것이다. 아무리 도덕적으로 고상한 경지를 추구한다 해도 이에 반작용을 불러오게 되어 있는 것인데 이러한 현상은 이 세상이 굴러가는 음과 양이라는 상대성으로 움직이는 기본패턴 때문이다.

그래서 수천년 동안 성인의 가르침이 전파되고 있지만 예나 지금이나 앞으로나 하나도 다름없이 갈등과 폭력과 전쟁이 일어나게 되어 있는 것이다. 이러한 이해 가운데 스스로 자신이 소유개념을 내려놓고 비운자가 되지 않으면 개인이나 사회의 행복은 강 건너 남의 이야기가 될 뿐이다.

그러므로 외부의식이나 내부의식인 무의식의 작용력까지도 넘어서야 비로소 행복에 이를 수 있다고 진실의 말씀을 부처님은 하고 계신다. '버리라' '소유없음' 이라는 강조가 바로 것이다.

외부에서 주어지는 목표나 기준은 영원히 도달 불가능한 과제로 남는다. 마치 천만원을 모으면 얼마나 좋겠는가 하고 생각하는 사람이 막상 천만원을 모으고 나면 다시 1억을 모으고 싶다는 욕구가 일어나서 목표지점이 이동해 가는 것처럼 그래서 인간은 한 평생 욕구에 의해 하루하루를 이끌려 가는 욕망의 덩어리인 것이다.

지적인 욕구도 마찬가지다. 욕구라는 것은 갈수록 눈덩이가 뭉쳐서 굴러가듯이 커져만 가는 것이다. 결국 인간은 자기만족을 하지 못할 기준을 좇아서 나가다 지쳐서 무력감에 떨어지게 되어 있다. 세상을 살아가다보면 어느덧 몸은 병들어가고 마음은 상처투성이가 되어 버린다.

그래서 몸은 자연 약을 찾게 되고 마음은 구원자를 찾게 되는 것이다. 문제는 약이 필요하다 하여 자꾸 약을 복용하면 결국은 약에 중독되어 약 없이는 몸의 고통을 잊을 수 없는 중독 상태에 빠져버리게 된다. 이제는 약이 몸을 끌고 가는 구세주가 되는 것이다.

지치고 상처 입은 마음을 위로받고 희망의 생기를 얻기 위해서 부처님이나 신을 찾지만 결국 부처님과 신에 중독되어 부처님이나 신 없이는 자신을 지탱할 수 없는 무기력증에 빠져버리고 만다. 약 이전의 건강과 신불(神佛)이전의 자기 마음을 회복하지 못한 채 한 많은 생을 마감하게 되는 것이다.

기도의 방편을 통한 수행이란 몸과 마음이 병들어 약물이나 신불에 의존하여 중독되기 이전의 건강한 자신의 상태를 회복시켜주는 진정한 구세주인 것이다. 외부활동으로 얻어진 모든 지식과 정보 그리고 수많은 경험과 감정들의 횡포에서 벗어나서 진정으로 마음의 평안을 이루고 대휴식의 행복을 누리게 되는 방법이 바로 기도인 것이다.

살아생전 몸과 마음 가운데 수 없이 끌어 모아도 행복하지 못한 움직임을 잠시 멈추고 행복의 노래인 진언, 다라니를 불러서 진실한 자신을 발견해 보도록 하자.

명상이란

들뜬 마음을 가라앉혀서
자연적인 정화를 이뤄내는 작업이다.
마치 흐린 호숫물이 시간이 지나면서 맑아지면 투명하게
내부가 드러나는 것과 같이 마음을 깨닫는 작업이다.

기도란

소리의 파동을 이용하여
강력한 에너지를 생성시켜서
의식 각층을 투과하여 이루고자 하는
공(功)을 만들어 내는 작업이다.

의념(疑念)에 몰두 할수록 강력한 에너지가 형성되고
그 최종지점에서 일대폭발현상이 일어나면서
의식의 각층을 무너트리고
근본의식이라는 공(空)을 체현(體現)하는 것이다.

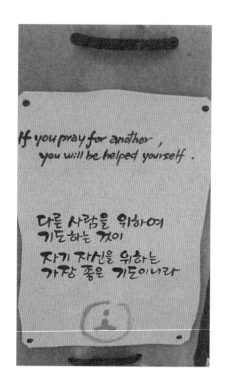

끌어 모으는 기도에서 나누는 수행으로

계산된 기도는 하면할수록 집착에 따른 고통이 수반된다. 이루고자하는 힘이 타고난 업력을 덮고도 남는다면 모를까 미약한 복력을 가지고서 넘치는 결과를 이루고자 매달린다는 것은 일종의 탐욕인 것이다.

그래서 이루고자하는 기도는 또 다른 마음의 갈등, 회의, 불신을 만들어낸다. 올바른 기도는 마음을 비우는 것으로 시작하며 비움이란 참회로 이어진다. 과거의 잘못된 습관이나 행위에 대한 반성이 없는 기도란 있을 수 없다. 천수경에는 열 가지 참회를 다루고 있다.

1. 살생한 죄를 참회합니다.
2. 도적질한 죄를 참회합니다.
3. 잘못된 성행위를 참회합니다.
4. 거짓말한 죄를 참회합니다.
5. 발림말한 죄를 참회합니다.
6. 이간질한 죄를 참회합니다.

7. 나쁜 말한 죄를 참회합니다.

8. 탐애로써 지은 죄를 참회합니다.

9. 성내어 지은 죄를 참회합니다.

10. 어리석어 지은 죄를 참회합니다.

이렇게 열 가지를 참회하며 마음을 허공처럼 비우면서 마음의 정화과정을 거치도록 체계를 만들어 기도자가 읽도록 만들어 놓았다. 위에 열거한 열 가지 사항 중 몇 가지만이라도 지키며 사는 사람이라면 그를 수행자라고 해도 될 것이다.

이러한 계율 내용을 살펴보면 기도가 간구나 기복행위로써 이루어 져서는 안 된다는 것을 조금이나마 이해할 수 있을 것이다. 기도가 수행으로 이어질 때 진정한 기도라 할 수 있다.

'무엇을 이루게 해 달라' '무엇을 이루겠다' 는 식의 기도는 결의를 다지는 의지강화 훈련일 수는 있어도 수행이라고 할 수 없다.

수행이란 내외의 움직임에 관여하지 않는 태도(관세음)이며 보살행이란 모든 이의 행복을 위한 자기희생의 삶(지장)이다. 진실한 불자라면 기도를 할 때 집착하지 말고 꼭 '이루게 해 달라' 는 식의 기도는 하지 말아야 한다.

부처님이 영산 모임에서 연꽃 한 송이를 들어 보이며 침묵하실 때 마하가섭 제자가 미소를 보였다 한다.

그리고 그에게 부처님의 의발(옷과 밥 그릇)을 전수했다고 하는 것은 입을 열지 않고 글을 통하지 않는 가운데 독특한 소통방식으로 마음의 실체를 깨달을 수 있다는 것을 말해주고 있다.

예수님이 계속해서 '주시옵소서!' '주시옵소서!' 를 반복하는 기도형태를 질타하시며 "중언부언 하지 말라!" "신령과 진정으로 예배하라" 고 권하셨던 것도 다 같은 맥락에서 주어진 말씀이다.

이제 우리의 종교적 신앙은 신불에게 매달려 '달라' 는 것에서 사회적 선행을 '실천' 하겠다로 발전해 나가야 할 것이다.

그런 점에서 사회적 약자를 보호하고 그들을 위한 봉사활동을 하시는 많은 분들이야 말로 신과 부처님의 사람들인 것이다. 마음 비우는 수행을 통해 축적된 힘을 사회적 가치실현을 위해 쏟아내는 삶, 그것이 관세음과 지장보살을 찾고 마음공부를 하는 목적이다.

밥그릇을 닦아라!

갓 출가한 스님이 조주스님을 뵙고

잘 수행할 수 있도록 지도편달을 부탁하였다. 이에 스님이 묻기를

" 죽은 먹었드냐?",

"네, 먹었습니다",

" 그렇다면 밥그릇부터 닦거라."

영원한 행복의 문! 자신만이 열 수 있다

기도는 진실에 이르는 길을 열어주며 진정으로 내 자신을 깨닫게 하는 방법인 것이다. 종교적 신비와 철학적 의문 덩어리인 인간의 정체를 자각하게 하는 길이기도 하다.

그러므로 철학적 사유나 종교적 신념이나 도덕적인 품위나 생활규범 따위는 고려대상이 되지 않는다. 남의 집이 아닌 내 집에 들어가는데 통과의례가 있을 수 없다. 그냥 비밀번호를 누르거나 열쇠로 잠긴 문을 열고 들어가면 되는 것이다.

기독교인도 나무아미타불 노래를 할 수 있고 불교인도 할렐루야를 외칠 수 있으며 알라 알라를 외칠 수 있는 것이다. 성인의 가르침이 '참나'를 알게 하는 테크닉으로 사용되는 단계에서는 신념이나 이념 따위는 아무런 의미를 갖지 않는다.

인간이 외부에 꺼둘려 살아가는 동안은 신념, 가치관, 풍습, 규범, 신분, 능력, 학벌, 재산 등을 따지게 된다. 그러나 기도는 이러한 모든 조건을 의식하며 조금도 긴장하거나 상대를 의식

할 필요가 없다.

　요구되는 것은 오직 하나의 방편속으로 내 자신의 마음을 쏟아 넣는 것이다. 그 때에만이 일체가 그 방편속으로 흡입되어 들어오게 된다. 그리고 방편은 더 이상 방편이 아닌 전체인 자기 자신이다.

　그 방편이 지장보살이나 관세음보살이든 그리스도나 할렐루야든 아니면 수승한 근기들이 수행의 방편으로 든다는 화두(話頭)이든 아무런 상관이 없다.

　자기 스스로 길을 열고 자기 스스로 진리를 실천하여 자기 스스로 영원한 생명을 확인하면 그만인 것이다. 그렇게 하기가 겁이 나서 지금까지 길들여진 대로 사는 것도 자기 맘인 것이다.

행복은 신이나 부처가 주는 선물이 아니다

행복한 삶을 사는 자는 자기를 창조하는 삶을 살면서 상대로 하여금 창조적 인생을 살게끔 도와주는 사람이다. 상대로 하여금 자기와 같은 삶을 살도록 요구하는 것은 상대의 창조성을 빼앗는 야만인의 짓으로 서로를 불행하게 만들게 된다.

한 어머니 속에서 태어난 쌍둥이도 삶의 길이 다르며 한 스승 아래에서 수학하여도 각자 길이 달라질 수 있는 것이다. 이 세상을 구제하고 구원한다는 종교 역시도 다른 색깔을 띠는 것을 이상하게 여길게 전혀 없는 것이다.

우리는 각자의 색깔을 인정하고 서로 조화하며 하나의 무지개를 이루는 화합의 마당을 만들어 나가야 한다.

자연이란 마당에는 일정한 삶의 룰이 주어져 있다. 이 룰은 공평무사하고 절대 평등한 만인을 위한 법으로 이 룰에서 제외된 사람은 단 한 사람도 존재하지 않는다. 세상이 생긴 이래 단 한 번도 이 원칙은 무너진 바가 없다.

지금 세상 도처에서 일어나고 있는 종교적인 갈등, 국가간 이해의 충돌, 개인간의 불화, 나아가서는 죽음의 문제, 신들의 싸움 등 온갖 불협화음이 속출하고 있어도 이에 자비를 주장하는 부처님이 나서는 것을 본적이 있는가?

아니면 이 세상을 창조했다는 여호와신이 나서는 것을 본적이 있는가? 알라신이나 브라만 신이 나서는 것을 본적이 있는가? 불상과 십자가, 성모상 앞에 꿇어 엎드려 수천 년을 아우성쳐도 아무 대답 없이 침묵만이 흐르고 있는 것이다.

왜 그럴까? 왜 그러해야만 하는가? 그 답은 바로 진실의 법칙 때문이다. 이 법은 신이라 해도 부처님이라 해도 간섭할 수 없는 것이다. 창조의 법칙이 그러함으로 신이나 부처님이라 해도 불가침의 대상인 것이다.

이 세상에서 일어나는 것은 신과 부처님과 하등 상관없는 일이다. 생육하고 번성하고 땅에 충만하여 행복을 누리라고 축복을 한 것을 인간스스로 창조의 법칙을 잘못 이용한 대가로 고통을 사서 살고 있는 것이다.

개인의 운명으로부터 국가사회적인 진로 나아가서는 세계의 역사에 신과 부처님은 전혀 간섭하지 않는다. 경기 규칙이나 룰로서만이 존재를 드러내기 때문이다. 살려는 자는 살게 해주고 죽고자 하는 자는 죽도록 해주는 창조의 법칙을 당신은 어느 편에 서서 활용할 것인가? '순천자는 흥하고 역천자는 망 한다'는 것은 동서고금에서 주장하는 진리이다.

좌부동(座不動)!

바람소리 들려오면 귀 기울여 보고,

빗소리 들려오면 젖어보라!

큰 가르침(大道)은 문이 없는 것이니,

큰 가르침을 구하면서

들어가는 문을 묻는 것은 잘못된 견해이다.

우리는 단 한 번도,

마음(불성, 도, 진리)을 떠나서 살아본 적이 없다.

단지, 시시비비를 따지며 어느 일방을 선택하여야

하는 인식과 대응에 문제가 있었을 뿐이다.

대상에 몰입하면,

서로 하나라는 것을 느낄 수 있다.

하나인데 어디에 드나드는 문이 있을 손가?

그러므로 대도는 무문이요,

도인은 무소유한 것이며,

수행자는 뚜벅뚜벅

비움(무소유)의 길을 걷는다.

극락세계는 수행하는 학교

결론적으로 말하면 극락세계는 이승에서 못 누린 복을 누리고 즐길 거리들이 많아서 매일매일 웃고 지내는 휴양지나 유흥시설이 밀집된 장소가 아니라 마음수행을 위해 설치된 부처님 학교인 것이다.

근원적인 관점에서 볼 때 심청이로 상징되는 청정법신 비로자나불은 근본의식에 해당한다. 원만보신노사나불은 무의식 및 전의식에 해당하고, 천백억화신석가모니불은 현재의식으로 나눌 수 있다. 이러한 이치를 통해서 명훈가피, 몽중가피, 현증가피가 나타나게 되는 것이다.

우리는 안에서는 밖을 볼 수 있고 밖에서는 안을 들여다 볼 수 없는 그러한 유리를 본적이 있을 것이다. 안의 사정을 밖에서 보지 못하게 설계되어 있는 것이다. 의식의 각층도 안에서는 밖을 볼 수 있지만 밖에서는 안을 들여다 볼 수 없게 층을 형성하고 있다.

현재의식은 전의식과 무의식을 볼 수 없고, 전의식과 무의식은 근본의식을 볼 수 없다. 무의식과 전의식은 현재의식의 활동에만 관여한다. 그러나 근본의식은 무의식, 전의식, 현재의식까지 다 관여하게 된다.

그래서 성인의 의식은 의식의 전 영역을 명료하게 들여다보고 알고 있으므로 관세음보살이며 자신의 살림살이 가운데 일체만물과 세상사가 포함되어 있으므로 지장보살인 것이다.

범부중생은 보이는 현실에만 집착하기 때문에 약육강식의 논리에 따라 사니 그들의 삶은 편협할 수밖에 없고 작은 무대를 가지고 다투므로 갈등과 불화는 필연적으로 따르게 된다.

그들의 관심사는 단지 현재의식이 미치는 한계 내에만 있을 뿐이다. 구원을 위한 성인의 말씀조차도 물질화의 법칙으로 변질시켜서 세상속에 또 하나의 강력한 종교권력이 되어 세상을 지배하는 이데올로기가 되는 것이다.

그리고 구절 하나 하나를 들먹거리며 끝없이 세상속에 분열을 조장하는 선봉에 서 있는 것이다. 불입문자(不入文字), 언어도

단(言語道斷)의 차원이 바로 진리적인 생활인 것을 망각하고 문자놀음, 언어의 장난을 계속하고 있는 것이다.

기도나 수행을 하지 않더라도 사람이 죽으면 현재의식 이외에 무의식의 영역으로 이동하게 된다. 현실속에서는 육체를 가지고 살다가 저승에 가서는 영체를 가지고 살게 된다.

중력의 지배를 받는 육체를 벗어난 영체는 의식의 7배 이상의 각성이 일어나 나름의 신통력이 일어나게 되어 있다. 그래서 생전에 불학무식하던 조상이 자손의 몸에 강림하여 아는 소리를 하는 것이 바로 그것이다.

죽은 영혼은 현실세계에 있을 때의 습관을 그대로 지닌 채 고통스런 삶을 이어 살고 있는 것이다. 사찰에 초하루, 보름, 관음재일, 지장재일 등 여러 기도하는 날이 정해져있다. 또한 크고 작은 행사들이 있어서 불자들은 그 날에 사찰에 들어가 기도와 참선, 봉사활동의 시간을 갖는다.

마찬가지로 저승에 간 영혼들도 그러한 기회를 가질 수 있는 것이다. 현실에 있는 사찰을 그대로 옮겨놓았다고 생각하면 된다. 서방정토세계에는 아미타불이 항상 머무시면서 때때로 그곳에 모여든 영혼들을 대상으로 법회를 개최하여 마음의 이치를 설법하여 주시는 것이다.

그러므로 임종시에 극락세계에 가서 태어나기를 발원하며 아미타불을 염송해야 하는 중요성이 여기에 있는 것이다. 사람이 이 세상에 태어나서 교육의 혜택을 전혀 받지 못하는 환경에 떨어졌다고 가정해 보라!
한 사람의 사회인으로서 필요한 의무와 책무를 실천할 수 있는 준비기간을 갖지 못한다면 그 사람이 할 수 있는 일이라곤 남이 못다 한 허드렛 일 이외에 할 것이 없는 것이다.

마찬가지로 저승에 태어난 사람이 공부할 수 없는 환경에 처하였다고 한다면 저승세상의 일원으로 편입되어 살아갈 수 있는 준비기간을 충분히 보내지 못하게 된다. 저승에 간 영혼들에게 극락세계라는 교육기간에 입학하는 기회를 얻었다는 것은 행운이라 할 것이다.

숨이 떨어지기 직전 나무아미타불을 일곱 번만이라도 마음속으로 간절히 찾다 저승으로 가면 곧바로 아미타불께서 오셔서 인도하여 극락세계라는 곳으로 데려간다는 약속을 굳게 믿어야 한다.

'난 죽어서 극락세계에 태어날 것이다. 그래서 아미타부처님의 가르침을 따라서 마음수행을 하여 반드시 깨달은 사람이 될 것이다.' 라는 각오가 있어야 한다. 그리하면 믿음의 힘으로 그렇게 된다.

십의 일조 헌신!

자연의 이치는
하나가 움직여 열까지 펼쳐졌다
다시 하나로 수렴된다.
그러므로 살아있는 모든 생명체는
그것이 하나의 미물일 지라도
하나 하나가 '십일조' 의 개념이다.
자신의 마음을 온전히 부처님께 회향(비우는 것)
하는 것이 바로 십일조를 헌금하는 생활이며
보시를 실천하는 것이다.
부처님(신)께 드리는 차 한 잔이라도
자신의 모든 마음(정성)이 깃들어 있다면
이것이 진정 '보시'인 것이다.

염화시중의 그 꽃! / 월산 作

나의 꽃밭을 돌아보자

일상의 모든 생각이나 말과 행동 등은 기억이라는 꽃밭에 씨로서 뿌려지게 된다. 그리고 이는 미래의 자신이 만나게 될 삶의 환경이 되기도 한다. 불교의 핵심 가르침은 '일체유심조화' 즉 오직 마음(생각) 먹는 대로 현실화 된다는 것이다.

이렇게 삶이 창조되는 원리를 이해하고 활용하면 자신에게 맞는 맞춤형 운명을 만들어 낼 수가 있다. 여기에 '기도' 라는 방법이 있다.

일정한 리듬을 타고 단순한 구절을 반복하게 되면 마음의 여러 층을 뚫고 무의식 속에 강렬하게 각인되어 뿌리를 내리게 된다. 어떠한 내용을 입력하느냐가 곧 어떠한 삶을 만들어 내느냐의 길이다.

'관세음보살', '지장보살', '신묘장구대다라니', '사랑', '행복' 등 어느 것이든지 상관 없다. 그렇지만 '악마', '죽음', '미움', '저주' 등 부정적인 단어를 사용하면 자신이 먼저 저주를 받게 된다.

당신의 삶의 꽃밭에는 어떠한 꽃들이 피어 있는가? 행여 원하는 꽃이 있다면 지금 그 씨를 뿌리면 된다. 부모님의 꽃, 남편의 꽃, 아내의 꽃, 자식의 꽃, 형제의 꽃, 이웃의 꽃들을 둘러 보기 바란다. 이 꽃들은 당신이 꽃밭에 언젠가 뿌렸던 씨들이었다.

제 4 장
기도의 가피

어느 행자님의 악습이 고쳐지다

스님이 되려고 출가한 분들은 일정기간 절에서 예비기간을 보내게 되어있다. 어느 사찰에 김 행자님이 있었는데 잠버릇이 심하여 함께 기거하는 행자님들이 같이 자는 것이 곤욕이었다.

코를 고는 것까지는 이해하겠는데 이를 얼마나 심하게 가는지 저러다 이빨 다 닳아지고 분질러지겠다 할 정도로 이갈이가 심하였다. 이에 더하여 비몽사몽간에 일어나서 벽을 손으로 긁어대고 있으니 행자님들 중에는 공포증을 호소하는 사람도 있었다.

발 없는 말이 천리를 간다고 자연 소문이 나서 내 귀에 까지 들려오게 되었다. 어느 날 행자를 지나치다 보게 되어서 얼굴을 살펴보니 좀 점검을 해서 다스림이 필요하다는 생각이 들었다. 잠시 이야기를 나누어 보니 잠버릇이 대학에 들어가서부터 시작되었다고 한다.

근 십년 가까이 계속되고 있다고 하는 것이다. 그래서 숙제로 일주일 동안 아침과 저녁 예불을 마치고 108배와 함께 관세음 보살님을 찾으면서 해결을 부탁드려보라고 하였다.

그렇게 하고 하는 일이 있어서 몰두하다 보니 잊어버리고 지내었는데 일주일이 지나고 며칠 뒤에 만나서 기도 이야기를 해보니 행자님이 하는 얘기가 이렇다.

"스님! 시키는 대로 일주일 정말 열심히 했는데 기도 3일째 새벽에 꿈을 꾸는데 넓은 들판에 전쟁이 일어나 양진영이 대치 상태에 있는 장면이 보여 지고 있었습니다.

한쪽 편 선봉에 선 장수가 큰 도검을 들고 호령 소리와 함께 적지로 달려 나가니 반대편 진영에서도 장수 한 분이 철퇴를 휘두르면서 뛰어 나오면서 급기야 두 분의 장수가 맞붙게 되었습니다.

무기를 휘두르며 몇 번의 충돌이 있은 뒤에 철퇴를 휘두르는 장수의 공격을 방어하지 못한 상대편 장수가 턱 부위를 맞아서 머리뼈까지 부셔지는 충격을 받으면서 쓰러지게 되는 모습을 목격하게 되었습니다. 그 순간! 제가 '관세음보살'을 큰 소리로 찾으면서 살려주세요. 소리치면서 깨어나게 되었습니다."

"아하! 기도를 열심히 하시기는 하셨군요. 이제 더 이상 잠자리의 악습이 행자님을 불편하게 하지 않을 것입니다."

"그렇지 않아도 그 꿈을 꾼 이후부터는 잠자리가 편해지고 더 이상 잠꼬대를 하지 않습니다." 라고 하는 것이다. 아마도 이 행자님의 전생이 전쟁에서 선봉을 맞은 장수였다고 판단이 된다. 자신의 죽음을 초래한 철퇴의 충격이 무의식에 그대로 저장되어 있다가 그 충격파가 잠자리의 악습으로 나타나게 된 것이라 할 것이다.

지금은 스님이 되어 열심히 공부에 전념하며 지내신다. 바른 일에 대하여 순수함을 가지고 간절하게 불보살님을 찾으면 그 정성심이 가피를 받게 해 주는 것이다. 어느 불보살님이시든 자신과 인연된 분을 지극정성으로 찾으면 반드시 응답을 해 주시는 것이다.

십자군 장군이었던 문어스님

문어라는 별명을 가지고 있는 스님 한 분이 계신다. 어릴적부터 온갖 잔병치레를 많이 하였고 청년기에 접어들어서는 신경성 위장병에 호흡곤란증세까지 겪는 등 어려움이 많아서 현실 적응이 여의치 않았었다.

때로 길거리를 걸어가다가도 호흡곤란이 일어나서 가슴에 손을 댄 상태로 그 자리에 쭈그리고 앉아서 증세가 완화될 때까지 한 발 자국도 움직이지 못할 정도로 고통을 겪어야만 했다.

이러한 증세는 출가 이후에도 계속되어 수행을 제대로 못할 정도로 심각하게 지내던 어느 날 인연 따라 차 한 잔을 하며 마주하게 되었다. "스님! 저의 심신이 극히 미약하고 정신마저 혼미해지니 이렇게 하다가는 수행을 못하고 그렇다고 속가로 돌아가서 이전처럼 고통의 시간을 이어갈 수도 없고 무슨 좋은 방도가 없겠습니까?"

잠시 점검의 시간이 흘러간 뒤에,

"문어 스님은 살생의 기운을 강하게 타고 나셔서 그러시는 것입니다. 살기가 타인에게 연결되었더라면 큰 죄업을 다시 지을 뻔 하셨겠지만 그래도 부처님의 손길이 미치고 계셔서 자신만이 그 살기의 고통을 겪는 중이니 불행 중 다행 입니다.

이제 수행자가 되셨으니 믿고 의지할 대상은 부처님 밖에 없는 것이니 스님의 전생 인연 따라 지장보살님의 가피를 통해서 업장소멸을 시도해 보셔야 할 것 같습니다."

"그럼 어떻게 하면 좋겠습니까?"

"언제까지 이 문제에 소중한 시간을 허비할 수는 없으니 용맹기도를 통해서 꼭 문제를 해결하도록 하십시오. 7일 동안 밥 먹고 화장실 가는 시간 이외에는 목탁을 손에서 놓으시면 안 됩니다. 물론 잠을 자서도 안 됩니다."

"한마디로 죽을 각오로 기도에 임하라는 말씀이군요. 알겠습니다. 이 날 평생 내 자신을 힘들게 한 건강문제를 이번 기도로 반드시 해결하겠습니다."

이렇게 하여 7일 기도에 들어가게 되었다.

이틀이 지나가니 잠이 몰려오기 시작하였다. 그럴 때면 목탁을 들고 법당 안을 돌면서 기도하면서 졸음을 이겨내려고 안간힘을 쓰기도 하였다. 한 밤중에 졸음이 더욱 세차게 몰려올 때는 절 마당을 돌면서 기도를 이어가는 것으로 정진을 계속하였다.

그렇게 5일째 그리고 6일째가 되면서 목탁이 자신도 모르게 떨어져 발등을 찍기도 하고 법당 바닥에 떨어져 뒹굴기고 하는 등 비몽사몽의 상태가 이어지면서 잠을 자는지 기도를 하는지 모르게 시간이 흘러가면서 생각하기를 '이 번에 문제해결을 하지 못하며 차라리 목탁을 쥐고 죽자! 죽어서 건강한 몸을 다시 받아와서 수행을 하는 것이 낫지 않겠는가…' 하는 굳은 결의를 다지면서 기도를 이어가고 있었다.

시간은 어느덧 7일째 새벽에 이르렀다. 몰려오는 졸음을 이기려는 의지도 더 이상 힘을 발휘하지 못하는 지경에서 혼자 중얼거리듯 비몽사몽을 헤매면서 "지장보살!… 지장보살!… 지장보살!…" 정근소리가 끊어졌다 이어졌다를 반복하는 사이에 그는 중세시대 십자군 전쟁에 참여하는 수많은 병사들의 움직임을 보고 있었다.

병사들이 지나가는 마을마다 피로 물이 들고 온갖 몹쓸짓들이 횡횡하는 그런 아비규환의 지옥 모습을 보고 있었던 것이다. 하나님의 이름아래 자행되는 생지옥을 목격하면서 오! 지장보살~ 지장보살~ 지장보살~을 찾고 있었다. 그러던 가운데 수많은 군사에게 호령하는 한 장수를 보면서 순간 놀라지 않을 수 없었다.

그 사람이 바로 전생의 자신이었기 때문이다. 가는 곳곳마다 승전고를 울리며 진격하는 가운데 자기의 칼날에 목이 떨어져 나간 수많은 사람들의 원혼들이 그 얼마나 많았을까… 순간 참회의 눈물과 함께 지장보살님을 부르짖으며 살려달라고 용서를 빌고 있었다.

그 순간! 한 손에 철장(쇠지팡이)을 짚은 스님 한 분이 다가오더니 자신의 등을 짚고 있는 철장으로 사정없이 후려갈기더니 다시 가슴 쪽을 후려갈기는 것이었다.

몸이 부서지는 고통을 당하면서 악! 소리를 내 지르며 비몽사몽 상태에서 깨어나 보니 서서 기도하던 자신의 모습이 아닌 법당에 주저 않아서 엎드려 있는 자신을 발견하게 되었다.

콧물과 눈물이 뒤범벅되어 흐느적거리는 자신의 모습을 보면서 한 없이 목 놓아 울먹거리며 지장보살~ 지장보살~ 지장보살 만을 찾고 있었던 것이다.

지장보살님이 휘두르는 철장(쇠지팡이)에 가슴속 깊이 칡넝쿨처럼 징징 감고 있던 한 맺힌 원혼들이 떨어져 나가면서 스님이나 원혼들이 함께 제도되는 축복을 받게 되었던 것이다. 살생은 또 다른 살생을 부르는 법이다.

돼지, 소, 양 같은 육축으로 먹고 살기위해서 어쩔 수 없이 살생해야 하는 경우라도 그 살생의 업보는 반드시 받게 되어 있으니 두렵지 않을 수 없다.

그러므로 살생업에 종사하는 사람은 더욱더 기도생활이 필요하며 이웃을 위해 봉사하는 선행으로 좋은 업을 많이 지어야 하는 것이다. 이후 문어스님은 건강을 회복하시고 자신과 같이 어려움을 겪는 사람들을 제도하는데 열중하고 계신다.

영가가 가슴과 배를 고통스럽게 하다

태양이 없는 곳은 습기가 많고 음침한 그늘이 져서 서생원이 서식하기 좋은 환경이 된다. 온갖 악취를 풍기는 쓰레기더미 주변에는 역시 서생원들의 출입이 빈번하고 도둑고양이들도 활개를 치며 부패한 음식물 찌꺼기를 먹어치우느라 바쁘다.

그러다 인기척이라도 느끼면 숨던지 잠시 자리를 피하였다가 이내 돌아온다. 저승의 인간들을 일러 귀신이라고 하는데 이들은 음산한 습기에 젖어 살다보니 어느새 밝은 빛을 접하는 것에 거부반응을 일으키며 괴로움을 호소하게 된다.

생명의 빛은 사람이고 귀신이고 움직이게 하는 원동력이 되는 것인데 공급이 부족하거나 차단이 되어 버리면 살아 있어도 죽은 목숨이나 다름없다.

이들은 결국 같은 성향의 기운을 가진 자와 친교를 하며 '위하여' 사는 사랑의 마음을 잃어버린 채 본능에 집착하며 그림자 속에 인생을 살게 되는 것이다.

어느 남자분이 갑자기 가슴통증을 호소하며 송곳으로 가슴을 찌르고 싶을 정도로 숨이 답답하고 뒷골이 당기면서 눈이 흐릿해지며 알 수 없는 불안증세가 일어난다며 어떻게 해야 할 지를 물었다.

점검을 해보니 조상영가가 갈 곳을 잃고 방황하다 후손의 몸에 감겨 있는 빙의현상이 일어난 것이다. 갈 길 잃고 배도 고프니 자손으로 하여금 길을 안내해 달라는 신호로서 심신의 고통을 일으키는 것이다.

이를 방치하여 두면 큰 병고가 터지게 되는 것이니 서둘러 정리 작업을 해 주어야 한다. 집에서 광명진언을 하루 1시간씩 21일을 해 보고 그 느낌을 보고해 달라고 숙제를 내 드렸다.

21일 가까이 기도가 진행되던 어느 날 꿈에 자신의 가슴 주변에 풍뎅이 같이 생긴 소름끼치는 생물들이 벌떼처럼 붙어 있고 아랫배에도 뱀들이 똬리를 틀고 꿈틀거리는데 자신이 손가락으로 떼어내다 다 떼어내지 못하고 꿈을 깼다고 하는 보고를 해왔다.

그래서 간단히 제물을 준비하여 원한 맺힌 영가들의 한을 풀어드리고 어둠가운데 밝은 길을 내서 극락세계로 인도하는 천도의식을 진행하자 하고 날을 잡아드리고 돌려보냈다.

  그 다음날 전화가 왔는데 어젯밤 꿈에 깔끔하게 차려입은 많
은 사람들이 법당에서 기도하며 나무아미타불! 염불과 함께 큰
절을 올리더라는 것이다. 천도재를 치른 뒤에 이 분의 건강은
정상으로 돌아오게 되었다.

못다 한 사랑에 한이 맺혀서

　창원에 사시는 김 여사님이 절에 다니는 친구들과 함께 어느 사찰에 놀러가서 생각지도 않게 노스님을 친견하게 되었다.

　큰 절을 올리는 친구를 따라서 자신도 절을 하고 자리에 앉으니 노스님이 청천벽력같은 소리를 내지르시는 것이다.

　"너 거기 뭐하러 들어와 있나?" 하시니 영문을 모르는 김 여사님은 "스님! 무슨 말씀이신지 모르겠습니다" 라고 대답을 한다. 다시 노스님의 말씀이 이어진다.

　"보살님은 지장기도를 열심히 하시기 바랍니다." 라고 하시는 것이었다. "지금 유방안에 못다 이룬 사랑에 한이 맺혀서 총각귀신이 들어와 있으니 이대로 두면 유방에 문제가 생깁니다. 명심하세요!" 라고 말씀하시는 것이 아닌가.

　사연을 들어보니 현재 남편과 결혼하기 전에 약 3년 동안 장래를 약속하고 지내던 중소기업에 다니는 남자친구가 있었는데 자신을 끔찍하게 사랑하여 주었다고 한다.

그런 그를 버리고 대기업에 다니는 조건 좋은 남자를 알게 되어 고무신을 거꾸로 신게 되었다는 것이다. 이에 충격을 받은 남자친구가 애걸 하다시피 본인의 마음을 돌리려 애를 쓰다가 본인의 마음을 돌리 수 없다는 것을 알고 그러면 이제 자신은 더 이상 사는 것에 의미가 없다면서 고개를 떨구며 한 참을 울고 가더라는 것이다.

그것이 그 친구의 마지막 모습이었다고 한다. 그 발로 그 친구는 목숨을 끊고 말았다는 것이다.
죽어서라도 못다 이룬 사랑에 집착한 나머지 유방 속에 집을 짓고 들어와 살고 있다는 것이다.

노스님은 영가와 영적 통신을 통해서 그 사연을 아시고 본인에게 지장기도를 열심히 해서 한을 풀어내어 극락세계로 보내야 한다는 말씀을 하신 것이다.

그러나 당시에는 신앙이 천주교라서 그런 말씀을 받아들이기 어려워서 그냥 시간되는 대로 성당에 나가서 기도를 해야겠다고 생각을 하였다는 것인데 그게 제대로 되지 않고 시간은 흘러

갔었나 보다.

그 후 세월이 흘러 양쪽 유방에 멍울이 잡혀서 병원검사를 받아보니 암세포가 많이 퍼져있는 것을 발견하게 되었다. 결국 양쪽 모두를 떼어내는 아픔을 겪게 되었던 것이다. 그 후에 불교로 개종하여 신앙생활을 열심하고 계신다.

몇 년의 세월이 흐른 어느 해 봄날 보살님께서 자신이 계시는 곳으로 건너올 기회가 있으면 식사라도 함께하자는 말씀이 있어서 날짜를 잡아서 건너가게 되었다. 식사를 하던 중에 보살님의 얼굴을 쳐다보니 느낌이 이상한 것이 아닌가.

"보살님! 어찌 얼굴이 불편하신 것 같습니다."
"요즘 좀 피로하네요. 이것저것 신경을 써서 그런지…"
"눈 색깔이나 얼굴빛이 병이 깊으신 것 같은데 가까운 병원이라도 가서서 검사를 받아보시지 그러세요."
"스님이 그리 말씀하시니 제가 무슨 중병이라도 든 사람 같습니다. 좀 쉬고 나면 괜찮겠지요."

그렇게 대화를 주고받다 식사가 끝나며 자리에서 일어나면서도 마음이 놓이지 않아서 병원에 꼭 다녀오시기를 부탁하고 돌아왔었다. 그런 뒤 며칠 지나서 그 보살님에게 전화가 왔다.

"스님! 암이라네요. 그것도 이미 주변 장기로 전이가 심하게
되어 있어서 수술도 못한답니다."

"어허! 참… 그래, 무슨 암이라고 하던가요?"

"네, 췌장암이라고 합니다. 이 암은 자각 증세가 거의 없다가
말기에 이르러서야 증세가 감지되기 때문에 거의 죽음에 이르
는 병이라고 한다네요. 이제 전 어떻게 해야 합니까?"

보살님은 이미 자신의 죽음을 준비라도 한 듯이 차분한 목소
리로 내게 묻는다.

"부처님께서는 이 세상에 태어난 사람은 반드시 한번은 죽는
다고 하셨습니다. 부처님도 그렇게 사시다 가셨고 저 또한 언젠
가는 부처님 뒤를 따라서 갈 것입니다. 보살님도 그러한 것이니
너무 슬퍼하시지 마시고 사시는 시간 동안 염불이나 열심히 하
시도록 합니다."

"네, 제가 살아나오면서 이별의 아픔을 몇 번 겪은 바가 있
고 부모님을 저 세상으로 보낼 때 큰 아픔을 겪기도 하였습니
다. 그래서 이별이란 단어가 주는 의미를 어느 정도는 알고 있
습니다.

이제 제가 저의 죽음을 준비해야 한다니 인생사가 참으로 허망하기 짝이 없네요. 또 다시 암이라는 고통이 찾아와서 저를 죽음으로 몰아가고 있다는 생각을 하니 아마도 전생에 많은 사람들에게 원망스런 생각을 많이 하고 살았었나 봅니다. 그런데 스님! 저는 자식도 없고 남편은 저 죽으면 본처에게로 돌아갈 것인데 그럼 저의 사후는 어떻게 되는 건가요?"

"보살님! 그 부분은 너무 걱정하지 마세요. 제가 이생에서 보살님과 인연이 되어 죽음까지도 함께 걱정하는 걸 보니 간단한 인연은 아닌 듯싶습니다. 보살님이 돌아가시면 정성껏 49재를 올려서 극락왕생하시도록 기도하겠습니다. 마음을 편히 가지세요."

혼자 얘기하며 귀신이 보인다

경기도 여주에 사시는 보살님에게는 아드님이 한 분 계시는데 아직 군대를 다녀오지 않은 청년이다. 어느 날 갑자기 이상한 사람들이 눈에 보이고 혼잣말처럼 얘기를 하기 시작하니 그런 모습을 지켜보는 가족들의 걱정이 태산이었다.

굿이고 천도재고 부적이고 좋다는 것을 하고 다니느라 지출한 돈도 꽤 되었는데 하나도 차도가 없으니 이제는 좋다는 것이 있어도 할 수도 없는 형편이라며 한 숨을 쉬신다.

하필 왜 내가 이런 사정을 듣고 있어야 하는가 하고 잠시 생각에 잠겼다가 생각되는 바가 있어서 아이를 한 번 되리고 와 보라고 말씀드렸더니 다음날 아이를 되리고 왔는데 눈 빛 속에 영가의 기운이 가득 차 있는 것이다.

안타까운 마음이 일어서 이 천도재는 그냥 해서라도 젊은이의 앞길을 열어줘야겠다는 생각이 들어서 즉석에서 날을 잡고 과일 세 가지 나물 세 가지 부침개 세 가지를 정해진 날짜에 가지고 오면 천도재를 해드리겠다고 말씀드리고 돌려보냈다.

그 다음날 보살님으로 부터 전화가 왔다. 아들이 아침에 일어나더니 새벽녘에 꿈을 꾸는데 많은 사람들이 깔끔한 옷을 차려입고서 절 마당에서 절을 하며 지장보살님을 염송하고 있더라는 것이다.

그 후 식구들이 정해준 날에 찾아오셔서 정성껏 천도재를 올려드렸다. 공덕이 있었던지 청년이 정상으로 돌아와서 공수부대를 지원해 성실히 복무를 마치고 지금은 119소방대에 근무하며 사회적응을 잘 하고 있다.

모친을 죽이겠다고 하는 10살 딸

초등학교 3학년 학생으로 고운 얼굴에 말재간이 뛰어난 학생인 지영이라는 아이가 있었다. 어느 날 갑자기 어머니에게 눈을 흘기면서 하는 말이 "엄마! 나 생각나는 대로 말해도 돼?" 하고 묻더란다.

그래서 처음에는 영문을 모르니 그렇게 하라고 했더니 아이가 갑자기 태도를 돌변하더니 "야! 이년아! 너 죽을래? 모가지를 칼로 잘라버린다!"

"이 미친년아! 귀를 칼로 잘라버린다. 창자를 꺼내서 피에다 밥 말아먹어 버린다!" 하면서 쏘아보는데 그만 충격을 받고 뒤로 넘어질 뻔했다는 것이다.

그래 야단을 치며 윽박질러서 아이가 험악한 말을 더 이상 못하게 해서 일단락되었는데 그 뒤로 그런 일이 몇 번이고 계속되니 나에게 이 일에 대하여 조언을 구해왔다. 그래서 아이를 한 번 데려오라고 했더니 며 칠 뒤에 모친이 아이를 데리고 찾아왔다.

그래서 점검을 해보니 '호랑이 뒤를 따라가다 꼬리를 밟아서 물려죽는다'는 형국이다. 내가 아이에게 묻길 혹시 그런 일이 일어나기 전에 무슨 꿈을 꾼 것이 있느냐 물으니 "네, 꿈속에서 호랑이 한 마리가 내게 뛰어 들어서 놀래 소리지르며 깨어났어요." 하는 것이다.

호랑이는 산신을 상징하니 산과 연관된 영가의 장난으로 생기는 현상이라 할 것이다. 묘소를 잘 못 써서 조상 영가의 불편한 진실이 어린 후손에게 전달되어 해소해 달라는 것이기도 하다. 이런 경우를 다스리다 보면 한 번의 의식과정을 통해서 정리되는 경우도 있지만 세 번의 의식을 통해야 되는 경우도 있다.

세 번의 의식과정을 통해야 정리되는 것으로 판단되어 그렇게 하였더니 영가는 저승세계로 돌아가고 이내 아이는 정상으로 돌아오게 되었다.

망자가 접속되면 혈액 쪽에 병이 온다

수원에 사는 무명심 보살님을 알고 지낸지가 10여 년이 넘었는데 결혼을 하여 아들 둘을 두고 다복하니 살고 계신다. 어느 날 전화가 와서 신랑과 함께 차 한 잔 마시러 오시겠다고 하신다.

얼마 후에 오셔서 얘기를 나누는데 눈빛에 이상한 기운이 돌면서 말하는 것이 내 마음속의 안테나에 걸리면서 파열음을 내기 시작한다. 관음기도를 좀 할 것을 권하고 기도법을 알려드리며 기도하는 실습까지 선 보여드렸다. 그런 후 이런저런 얘기를 하고 헤어지게 되었다.

그로부터 얼마 안가서 보살님으로부터 한 통의 전화가 걸려왔다. 전화를 받자마자 엉엉 울기 시작하시면서 남편을 살려달라는 것이다. 자초지종을 들어보니 남편이 혈액쪽에 이상이 있어서 검사차 병원에 갔더니 입원치료를 하지 않으면 안 될 정도로 위험수위에 이르러 있다고 해서 응급실에서 검사를 받고 있다는 것이다.

그런데 남편이 스님을 보게 해 달라고 조른다는 것이다. 그래서 남편에게 전화기를 줘서 나랑 통화하게 해 달라고 해서 전화를 하고 있는데 갑자기 전화기를 던지면서 난동을 부리기 시작하였다.

부인과 부인 친구, 간호사들까지 발로 차고 난동을 부리면서 혀를 깨물며 자살을 시도하는 등 순식간에 응급실이 아수라장이 되었나 보다. 그래서 팔다리를 묶어 놓고 입안에는 안전장치를 해 두었는데 남편이 부인을 죽일 듯이 노려보면서 돌아가신 할머니가 앞장서서 따라오라고 한다면서 몸을 움직이려고 하는 등의 상황이 계속되고 있었다.

혈액수치는 더 이상 병원에서 손을 쓸 수 없다며 그냥 환자를 방치해 두고 있었다. 그러니 부인으로서 의학의 힘으로도 어찌할 수 없다하니 절망적인 상황에서 지푸라기라도 붙잡는 심정으로 내게 전화를 해 온 것이었다.

점검을 해보고 영가의 작용이 오랫동안 계속되어 상당히 뿌리가 깊은 상태라서 한 번의 천도의식으로는 안되겠다 싶어 세 번 하기로 하고 날짜를 정해 주었다.

그런데 거짓말 같이 그 순간부터 남편의 혈액수치가 정상으로 돌아오게 되었다. 병원 의사들도 자기들로서는 알 수 없는 일이라면서 이제 다 나았으니 퇴원하라고 해서 퇴원을 하게 되었다.

이후 세 번의 천도의식을 통해서 깔끔히 정리 작업을 해서 이제는 일상을 건강하게 지내고 있다.

돌아가신 할머니가 손주가 사랑스럽다며 몸을 쓰다듬고 하는 것이 그 당사자에게는 심각한 혈액 계통의 병을 발생하게 되는 경우가 있다. 혈액계통의 상당수 환자와 신경증환자의 많은 수가 병이 깊어지면서 자연스럽게 영적 작용에 연결되는 사례들이 많이 목격된다.

망자는 자손의 정성으로 힘을 얻는다

어느 여자 분이 돌아가신지 몇 해가 지난 어머니가 요즘 꿈에 허기진 모습에 초라한 행색을 하고 자기가 사는 집으로 들어오는 꿈을 몇 번 꾸었다고 한다. 자기는 성당에 나감으로 나름 기도를 올려 드리고 했다는데 꿈에 보이시니 맘에 걸린다고 했다.

돌아가신 어머니가 절에 다닌 분이셨기에 어찌해야 할 것인지 물었다. 어머니는 산위에 떠도는 정처 없는 혼불같은 존재로 스스로 자신의 앞길을 밝혀서 자기 길을 찾아가기에는 힘이 부치는 것이다. 마치 배터리가 다 된 전등을 들고 어두운 길을 안전하게 갈 수 없는 것과 같다.

저승길을 밝혀 앞으로 나아가려면 지혜의 불빛으로 인도하는 작업이 필요하다. 물론 성당의 기도가 안 된다는 것은 아니다. 문제는 생전의 어머니가 불자로서 불교의식에 습관되어 있고 저승길을 스스로 나아갈 수 있는 힘이 부치기 때문에 이에 불교의식을 통한 부처님의 지혜의 말씀으로 인도하는 의식이 적합하다 할 것이다.

이에 날을 택일하여 제사를 지내드렸는데 당일 새벽녘 꿈에 어머니가 깨끗한 옷으로 갈아입고 부처님을 향하여 삼배를 올리더니 "이제 나는 간다!"라는 말 한 마디 남기고 유유히 떠나가시더란다. 부모는 자신의 근본으로 삶의 뿌리가 되는 것이다.

육신의 몸을 벗어버린 상태에서는 더욱 효과적으로 자손에게 기운으로서 동기감응(同氣感應)을 일으키기 때문에 심신 양면에 걸쳐 영향이 크게 일어나게 된다. 제사는 바로 자기 삶의 기초를 관리하는 것이요 행복한 삶을 위한 자기관리이기도 하다.

살아생전 관계가 좋지 않았다고 영가의 불편한 사실을 다스려드리지 않으면 그 불행은 고스란히 자기에게 돌아온다. 이것이 자연의 법칙이다.

망자의 기운이 자손에게로

어느 보살님이 남편의 술 중독 때문에 무정한 세월을 보내고 계시는데 최근에는 여자와 돈 문제까지 얽힌 사고를 쳐서 더욱 살맛이 나지 않는다 하셨다. 뭐든지 적정선을 넘으면 좋은 것도 그에 따른 부작용이 따르는 법인데 하물며 가정을 파탄지경으로 몰고 가는 큰 사고를 치고 말았으니 살아 있어도 산목숨이 아니었을 것이다.

혹시 시아버지가 돌아가시지 않았느냐고 물으니 그렇다고 하셨다. 그럼 생전에 그분께서 술을 즐기셨느냐 물으니 시어머니 없이 사셔도 술 없이는 못 산다 할 정도로 술 병을 품고 사신 어른이라면서 바람을 한 평생 피우고 사셨다 한다.

자초지종을 들어보니 시아버지가 사업을 하시면서 해외도 자주 들락거릴 정도로 이름이 난 분이시고 인물도 좋으셔서 여자들이 끊어지지 않았다 한다. "돌아가신 후에 천도재를 해렸습니까?"

"네, 동네에 조그마한 암자가 하나 있는데 그곳에서 한 번 해드렸습니다."

"한 번이라니 그럼 49재를 드린 게 아니고 하루 천도재를 해드렸다는 겁니까?"

"네, 당일 날 하루 정해서 해드렸습니다" 라고 했다.

자손들이 교회, 성당, 절 등으로 나눠져서 의견이 분분하여 공개적으로 할 수는 없었고 해서 마음이 찜찜하여 하루 날 잡아서 해드렸다는 것이다.

점검을 해보니 시아버지는 아직 자기 스스로의 힘으로 저승의 길을 개척해 갈 여력이 없으시고 큰 아들인 남편에게 'SOS' 신호를 보내시면서 때를 기다리셨던 것이다.

그러므로 생전 시아버지의 습관이 남편에게 그대로 기운으로 흘러 들어와서 하루도 술이 없이는 살 수 없을 정도의 불안 증세를 일으키고 여색을 밝히면서 돈 지출이 심하게 일어나게 된 것이다.

적당한 날을 정해서 조상님을 불러 대접하고 길을 안내해드렸더니 그렇게 술 없이는 단 하루도 지탱할 수 없을 정도로 불안감에 초조해 하며 소심하던 남편이 술을 끊어 버리고 기도 생활에 전념하고 있다고 한다. 조상님을 위한 천도재를 해 드린 그 날 새벽녘 꿈에 시아버지가 나와 이제 나는 멀리 떠나간다고 손을 흔들면서 나가시더라는 것이다.

처자식을 위해 눈을 감을 수 없다

의학이 발전하여 신기술과 질 높은 의약품이 쏟아져 나오는 시대에 산다지만 지금도 산간 깊은 골짜기에는 아직도 교통이 불편한 곳이 많다.

급성맹장염으로 배가 아파서 데굴데굴 구르다가 거의 의식불명 상태에 이른 어느 남자분이 많은 시간이 흐른 뒤 가까스로 119에 연결이 되어 시내 병원으로 옮겨졌는데 하필 그 시간에 급한 환자가 수술을 장시간 하는 바람에 또 다시 병원에서 수시간을 보내게 되었다.

얼마나 기다렸을 까 앞 선 환자의 수술이 끝나고 이제 수술대 위에 몸을 올렸는데 배를 갈라보니 맹장이 다 터져서 더 이상 수술을 할 수 없는 지경에 이르게 되었으므로 그 상태로 뱃가죽만 꿰매고 그대로 퇴원을 하라고 하였나 보다.

다시 몇 시간을 달려 집에 와서 아픈 통증에 몸을 이리저리 뒤척이면서 입안이 타들어감으로 물! 물! 물을 찾으며 뜬 눈으로 숨을 거두게 되었는데 슬하에 처와 자식 둘이 있었나 보다. 가난한 시골 생활 속에서 부부의 정이 좋아서 두 눈 크게 한 번 떠 보지 않은 남편의 사랑을 받고 지내던 부인에게는 청천 대낮에 벼락을 맞은 꼴이 되어버렸다.

결국 초상을 치른 끝에 그 자리에 누워 3년 동안 병을 앓게 되었으니 집안 꼴은 말이 아니었고 조금 남은 살림살이는 병원비로 사용되고 가정 경제는 바닥을 치니 두 자식을 데리고 살아 갈 길이 막막하게 되었다.

이즈음에 "내가 마누라와 자식을 살리기 위해서 왔노라!" 하면서 병석에 누워 신음하던 여인이 손뼉을 치고 그 자리에서 일어나서 춤을 덩실덩실 추게 되었다. 이것이 바로 죽은 남편의 영혼이 몸에 내린 것이었다. 깊은 시골이지만 막 신내림을 하였다는 소문을 타고 많은 사람들이 찾아오게 되어 생활은 점점 안정을 찾아가게 되었다.

그러나 커나가는 자식들의 앞길과 주변의 따가운 시선을 견디기 어려운 심약한 부인인지라 무당의 삶을 청산하고 싶어서 도심으로 이사를 하고 모시던 신당은 장롱 안에 감춰 모셔 놓고 교회에도 나가보고 하였다.

수시로 교역자들이 찾아와 집에서 예배하며 기도회를 열어서 정리 작업에 들어갔는데 그때마다 "이 년이 자기와 자식을 살려주기 위해 온 나를 내 쫓으려고 한다"면서 자기 손으로 머리를 잡고 뒤 흔드는 바람에 무더기로 머리가 뽑히는 일이 생기곤 하였다. 예배 기도 모임이 끝나고 나면 다시 신이 들어와서 고통을 겪는 나날들이 계속되고 있었다.

이 소식을 듣고 안타까운 마음이 들어 인편을 통해서 시간을 내서 한번 찾아올 수 있으면 차나 한 잔 대접해 드리겠다고 전해 달라고 하였다. 어느 정도의 기간이 흐른 뒤에 그 부인을 만날 수 있었다.

이러저러한 얘기를 나눈 뒤에 내가 말을 꺼내기 시작하였다. "불법을 만나기는 백천만겁이라는 시간을 보내도 어렵다 하였습니다. 이제 이 스님이 부처님의 법력을 빌려서 영가님이 생전에 못다 하신 한스러움을 풀어드리고 어두운 저승의 문을 활짝 열어서 부처님이 계시는 극락세계로 인도를 해 드리고자 합니다. 따르시겠습니까?"

물으니 영가의 대답이 "내가 온 것은 나를 위한 길도 아니요 이승에 남겨두고 간 처자식의 삶의 문제를 해결해주고자 한 것인데 나 혼자 좋은 데로 간 들 무슨 소용이 있겠습니까?"라고 하는 것이다.

그래서 "그럼 영가님도 살 길을 찾아가고 이생에 남겨진 가족들도 살 길을 찾아드릴 것이니 그렇게 하면 되겠습니까?" 하니 "그런 일이라면 스님의 말씀을 따르겠습니다."라고 하셨다.

그 길로 돌아와서 영가와 약속을 지키고 남은 가족들의 앞길을 열어드려야겠다는 마음에서 49일 동안 부처님 전에 예배공양을 드리며 조상영가의 생전에 못다한 한을 풀어드리면서 박복한 가족들의 삶의 길을 열어 드려야겠다는 마음에서 천도의식을 극진히 모셔드렸다.

천도의식을 3번째 하는 날 부인께서 찾아와서 말씀하시길 오늘 새벽녘 꿈에 남편이 위아래 신사복장에 반짝이는 구두와 영국신사모에 지팡이를 짚고 나타나시더니 "이제 난 좋은 데로 갈 것이니 당신은 스님이 인도해 주는 대로 따라하여 살 길을 열어 가라."고 하시더라는 것이다.

이로 인하여 신심이 생긴 부인이 더욱 열심히 기도를 하시며 49일 기도를 원만히 끝마치게 되었고 부인은 정상인의 몸과 마음으로 돌아오게 되었다. 이후로 부인은 내가 숙제로 내어준 자기 전 108번의 광명진언 외우는 것을 열심히 실천하고 계신다.

복은 없었으나 어질던 할머니

토굴에서 공부하는 학생의 외할머니로 심성이 착하고 어지신 할머니가 계셨다. 학생의 인연으로 생전에 몇 번 뵙고 함께 식사를 하기도 하였었다. 먼저 가신 할아버지가 젊었을 때는 주색잡기로 맘 고생시키고 나이 들어서는 풍으로 쓰러져서 몸 고생을 죽도록 시켰다고 하셨다.

그런가하면 슬하에 딸 둘이 있는데 큰 딸이 풍으로 두 번 쓰러져 사람 구실을 못하니 딸 가진 엄마로서 자식의 부족분을 채워주느라 청소며 빨래를 도맡아서 하였으며 작은 딸은 못난 남편 만나 시달리다 농약을 마시고 자살을 하였으니 집안 꼴이 말이 아니었다.

불자이셨던 할머니는 마음고생 몸 고생이 크셨지만 모든 것을 자기 탓으로 돌리면서 곤고한 자신의 삶을 부처님 전에 기도하시면서 위로받으시며 사셨다.

어느 날 공부하는 학생에게서 할머니가 돌아가셨다는 연락이 왔다. 병원 영안실에 모셔져 있다하여 조문을 하러가서 가시는 길 편안히 가시라고 염불을 해 드리고 왔다.

　장례를 마치고 공부하는 학생이 앞장서서 49재를 모시게 되었는데 21일 째 되는 세 번째 천도재 날 새벽녘 꿈에 아드님에게 어머니가 나타나서 하시는 말씀이 "내 너에게 밥 한 술 얻어 먹으려고 왔다. 밥 좀 다오." 하시더라는 것이다.

　그래서 간단하게 밥 한 그릇에 미역국을 한 그릇 끓여 올렸더니 배부르게 드시고 하시는 말씀이 "이젠 됐다! 49일 채울 필요 없이 영가단에 내 초상화와 위패를 내려라!" 하시면서 유유히 살아지더라는 것이다.

　생전에 자신이 감당할 수 없는 힘겨운 삶의 무게를 견뎌내시면서 남을 원망하거나 헐뜯음 없이 착한 마음으로 사시고 염불 기도를 열심히 하시더니 49일을 다 채워도 해결되지 않는 경우들이 많은데 단 21일 동안의 천도의식으로 자신의 생전 인연을 홀홀 털고 바람처럼 떠나가실 수 있으셨다는 생각에 절로 고개가 숙여졌다.

　복이 없는 삶을 사는 분들을 관찰해보면 다음 생 그 사람의 모습이 그려진다. 이 할머니처럼 힘겨운 삶을 이어가는 속에서도 자신의 부족함을 탓하며 가족의 짐까지 짊어지고 '팔자려니' '운명이려니' 하면서 끝없이 자신을 비우는 삶 속에서 기도를 놓지 않고 살다 가시는 분들은 분명 이생에서 과거생의 업장을 다 녹이고 가는 것이라 할 것이다.

그러나 똑 같은 상황에 처하여도 대응하는 마음가짐이 다른 경우도 많이 보게 된다. 해결해야 할 숙제가 다음 생까지 이어져 있다고 할 것이다.

머리 긴 짐승은 곤경에 처해 있을 때 구해주면 "내 보따리 내놔라!" 한다지만 죽은 귀신(영가)이 갈 길을 잃고 떠돌게 될 때 자손이나 지인이 대신 복을 빌어 주고 염불기도를 해 주면 그 힘을 받아서 생사의 구렁텅이에서 벗어나게 되어 그 은혜는 반드시 복으로 되돌려 주게 되는 것이다. 사는 것도 중요하지만 죽는 것은 더욱 중요하다 할 것이다. '어떻게 사느냐' 그리고 '어떤 모습으로 죽을 것이냐' 이것이 문제이다.

이놈아! 바쁘더라도 한 번 다녀가거라

서울에 사는 서 사장 내외가 결혼을 늦게 하였는데 원하는 자식이 생기지 않으니 고민 끝에 병원시술을 통해서라도 아기를 만들어야겠다고 정기적으로 병원을 다니는데 몇 번의 시도를 했지만 아이가 들어서질 않는다고 고민을 해왔다.

평소에 인연이 각별한 지라 나 역시 고민이 되어서 말없이 7일 관음기도에 들어갔는데 3일차 되는 아침에 서 사장에게 전화가 왔다. 오늘 새벽꿈에 돌아가신 모친이 나타나서 "이놈아! 사느라 그리 바쁘냐? 언제 시간 한 번 내서 내게 다녀가거라." 하고 사라지시더라는 것이다.

"오호! 서 사장님! 좋은 일이 있으려나 봅니다. 시간 내서 모친의 묘소를 찾아가 인사라도 하고 오시지요"
"내게 좋은 일이라면 뭘까요?"
"그야 사업은 잘 되고 있으니 자식 잉태하는 것이 해결해야 할 숙제 아닙니까?"
"그야 그렇지요. 다녀오면 뭔가 좋은 일이 있으려나요?"

"돌아가신 양반이 쓸데없이 바쁜 아드님을 한 번 다녀가라 하겠습니까. 뭔가 선물을 준비하고 계시겠지요."

며칠 뒤에 시간을 내서 모친을 화장하여 뿌려드린 동해안 감포 앞바다를 다녀왔다고 한다. 그런 일이 있고 곧바로 아들이 들어섰는데 자신이 생각해 봐도 신통방통한 일이라면서 즐거워하셨다.

"혹 돌아가신 모친이 때를 기다리시다 아드님에게 오신 것이 아닌가 하는 그런 생각도 듭니다. 태어나거든 모친의 환생이라 생각하시고 많은 사랑 베풀면서 키우시기 바랍니다." 라고 말씀 드렸다.

정 보살님의 극락 여행기

정 보살님은 나에게는 아주 특별한 인연이시다. 출가 전에서부터 내게 물심양면으로 공부에 지원을 아끼지 않으시던 분이다.

내가 출가 후에 그 분에게 받은 사랑의 빚을 조금이나마 갚아야겠다는 생각이 들어 내가 머물던 도량으로 21일 동안 모시고 지장기도를 함께 하게 되었던 기회가 있었다. 4분 정근을 매일 하는데 보살님께서 얼마나 염불을 신심 넘치게 하시는지 목탁이 깨지도록 쳐가면서 기도를 할 수 있었다.

그러던 어느 날 보살님께서 기도가 끝난 뒤 법당을 나가려는 나를 조용히 부르셨다. "스님! 잠시 드릴 말씀이 있습니다. 비몽사몽간에 말로 표현할 수 없을 정도의 많은 경험을 하게 되었습니다."

"무슨 체험이라도 있었습니까?"
"네, 제가 기도를 하는데 어느 순간 몰입이 되면서 법당에 주불이신 분이 일어나서 내려오시더니 나에게 무언의 말씀을 하시기에 따라 오라는 신호로 알고 뒤를 따르는데 어디론가 한 없이 날아가시더니 큰 문 앞에 이르렀습니다.

큰 문이 열리는 소리가 마치 번개가 치듯이 큰 소리였는데 그런 문을 열두 개를 여시고 들어가셨습니다. 바닥은 유리보석으로 깔려있고 꽃에서 빛이 뿜어져 나오고 벌과 나비, 그리고 각종 새들이 서로들 무언의 대화를 하는 소리를 내는데 세상에 이런 곳도 있는가 하고 감탄을 하고 서 있었습니다.

그때 어마어마한 큰 부처님이 설법을 하시는 장소 같은데 구름같이 청중들이 운집해 있고 스님들과 보살님들이 자리를 잡고 두 손을 앞에 가지런히 합장한 상태로 계셨습니다. 얼마나 환희심이 일어나던지 기분이 무척 좋았습니다.

한참을 이리저리 다니면서 구경을 하면서 나도 언젠가 이곳에 와서 살고 싶다는 생각을 했는데 그 순간 저를 인솔하신 그 분께서 고개를 끄덕끄덕하시면서 따라오라는 무언의 말씀을 하시더군요. 참으로 묘하죠?"

"아하! 보살님께서 기도를 열심히 하시더니 부처님의 사랑을 듬뿍 받으셨군요. 축하드립니다."

"네, 감사합니다. 그런데 이번에는 또 다른 방향으로 저를 인도하시는데 역시 큰 대문 앞에 서시니 그 큰 문이 우르르꽝! 소리를 내면서 열렸습니다.

그러기를 일곱 대문을 여시며 통과하시면서 어느 세계에 들어섰는데 이곳저곳에서 비명소리와 살려달라는 아우성 소리가 들려오면서 고통받는 사람들이 보이는데 그런 처참한 모습은 이 땅에는 없을 것입니다.

뱀이 온 몸을 감고 목을 조였다 풀어다 하기를 수도 없이 반복하니 사람들의 숨이 끊어졌다 붙었다를 한도 없이 반복하고 있었고, 좀 더 지나가니 뜨거운 기름 가마 속에 알몸으로 사람들을 집어넣고 빼다를 반복하니 그 뜨거움에 고통은 말로 표현할 수 없을 정도였습니다.

다시 앞으로 좀 더 걸어 나가니 이번에는 알몸을 한 여자들이 두 다리를 양 쪽으로 벌리도록 묶어 놨는데 전봇대만한 큰 기구를 여자의 가랑이 사이에 넣었다 빼다를 반복하니 살려달라는 비명소리가 가득하였습니다.

다시 앞으로 나아가니 며칠 전에 이 도량에 다녀가신 한 남자

분이 보이는데 온몸을 뱀이 칭칭 감고서는 온몸을 물어뜯으면서 독을 내뿜는데 그 때마다 "잘못했습니다.", "살려만 주십시오" 하는 소리가 진동하였습니다.

그렇게 이곳저곳을 다니면서 여러 가지 형태로 고통받는 사람들의 절규하는 소리를 듣게 되었습니다.

한참 시간이 지났을 까 인솔하신 분께서 무언의 말씀으로 "이제 알겠는가? 구경 잘 하셨는가?" 하시면서 고개를 끄떡이시더니 앞장서서 걸어가시 기에 그 뒤를 따라서 오다가 정신을 차려보니 법당이었습니다.

저를 인솔하신 분이 법당 중앙에 좌정하신 이 분 이셨습니다.

"스님! 저 분이 누구십니까?"
"네, 저 분은 아미타부처님으로 보살님이 다녀오신 극락세계의 주인이십니다. 보살님이 기도의 신심이 깊으셔서 아미타부처님이 손수 앞장서서 극락세계와 지옥을 여행할 수 있는 기회를 주신 것 같습니다. 금방 경험하신 내용을 가슴속에 잘 간직하시고 더욱 열심히 기도에 열중하시기 바랍니다."

이 체험을 하신 정 보살님은 한글교육도 받지 못하신 일자무식으로 문맹이신 분이었습니다. 그 이후로 많은 기도 체험담을 가지신 분으로 기도하는 불자들에게 많은 귀감이 되었던 분이다. 지금 평택의 정 보살님은 고인이 되시었는데 분명 극락세계에 왕생하셨을 것이라 믿는다.

지장보살전에 결판기도를 붙이다

수원에 장사를 하는 삼십대 초반 남자분이 계셨다. 신기운이 집안에 감돌고 있어서 부모에서부터 형제들 모두 공황장애를 겪고 있었으며 생활고는 물론 결혼하면 하나같이 다 이혼을 하는 그런 가정의 사람이었다.

5형제였는데 모두 이혼의 경력이 있었다. 그동안 여러 가지 일들을 시도하였으나 하는 일마다 실패이니 이제는 더 이상 새로운 일을 시도할 엄두가 나지 않았다. 이분이 어느 날 방문하여 이야기를 나눌 기회가 있었다.

"스님! 저 같이 지지리 복 없는 팔자를 타고난 사람도 있습니까?"

"그 무슨 말씀을 그리…"

"아니 스님도 아시다 시피 집안 사정도 그렇고 어찌 하는 일마다 단 한 번이라도 성공해 본 적이 없으니 이래서야 세상 살수 있겠습니까?"

"음… 고향이 어디신지요?"

"고향은 경주 남산골입니다."

"오호! 언젠가 남산이란 동네에 가 볼 기회가 있었는데 석불이 많이 조성되어 있던데 관리가 소홀해서 방치되어 있는 게 안타깝더군요."

"네, 그 동네가 그렇습니다. 그런데 고향을 물으신 이유라도 계십니까?"

"네, 그 동네에 절이 있던가요?"

"네, 옥룡암이라고 주인은 따로 계시고 인연된 스님이 관리하고 있는데 절 분위기가 거의 죽어있습니다."

"그럼 언제 그곳 절에 가서 부처님께 절을 올리시고 나서 바른 길로 인도해 주십사하고 부탁을 드리고 오셔보세요."

"음… 네, 그렇게 말씀하시는 뜻이 계시리라 생각하고 날을 잡아서 다녀오겠습니다."

이후 며칠의 기간이 지난 어느 날 아침 "스님! 저 경주 옥룡암에 다녀왔습니다." 하면서 그가 마당으로 들어오는 모습이 보였다.

"어서 오세요. 그래 다녀오시고 난 이후 무슨 좋은 생각이라도 떠올랐습니까?"

"글쎄요. 좋다고 해야 하는지… 음… 사실은 그날 다녀와서 잠을 자는데 꿈에 머리를 짧게 깎은 스님이 손에 철장을 잡고 제가 누워있는 방안으로 들어오시더니 혀를 차시면서 '쯔 쯔 그 놈의 여자 생각만 끊어버리면 스님이 되면 참 좋겠는데 그 놈의 여자 생각을 못 끊고 그러시나!' 하시면서 살아지시더군요.

"그래, 본인 생각은 어떠신가요?"

"저도 출가하여 공부해 볼 생각은 있지만 꿈속에 스님이 말씀하신대로 여자문제를 끊을 수 있는지는 제 자신도 모르는 문제입니다. 이래서야 출가할 수 있겠습니까?"

"그럼 내 하는 말대로 해 보시겠어요?"

"네, 말씀해 보시지요."

"강원도 철원에 가면 심원사라고 지장도량이 있는데 그곳에 가서 21일 동안 기도를 하시는데 결판기도를 해 보시기 바랍니다. 아주 이것이냐 저것이냐 양단간에 결단을 내리기 위해서 기도를 하는 것입니다."

"음… 네, 그럼 그렇게 해 보겠습니다."

그렇게 하고 헤어져 주어진 일과에 바빠서 잊어버리고 있었는데 그 분이 기도를 끝내고 찾아왔다.

"스님! 저 출가하렵니다."

"오호! 어떻게 그리 결단을 내렸습니까?"

"스님이 주신 숙제대로 하니 마음이 정리가 되었습니다. 21일 동안 기도를 하다 보니 제가 전생에 스님이었다는 느낌이 들었고 그 느낌이 일어나자마자 현실적인 삶을 살고자 하는 것은 지금껏 살아오면서 현실에 미쳐서 생각했던 부분이었고 제 삶은 거기에 있는 것이 아니라는 것을 알 수 있었습니다."

그간 기도기간에서 있었던 출가에 대한 선몽 얘기를 들으면서 많은 생각을 하게 되었다. 지금은 출가하여 스님으로서 열심히 살고 계신다. 궁하면 통하는 법이니 세상사 열심히 살다가 도저히 답을 찾기 어려울 때는 결판기도를 해 보는 것도 좋을 것이다. 꼭 장소가 절이 아니어도 집에서라도 조용한 시간을 택해서 하시면 될 것이다.

이런 게 천생연분일까

　너무 깔끔하신 할머니가 한 분 계시는데 절에서는 '물찬 제 비' 보살님이라고 불린다. 그 보살님이 지나가시면 그 주변은 먼 지 하나 없이 깔끔하게 된다는 데서 절 식구들이 붙여준 별명 이다.

　이 보살님께 고민이 하나 있는데 30이 갓 넘어간 막내딸이 시 집을 갈 생각을 안 하고 있다는 것이다. 아직 인연이 이르지 않 아서 그런 것인지 아니면 팔자에 남편이 없이 살라고 되어 있는 지 걱정이 되신다 한다.

　"물찬 제비 보살님! 뭘 그리 걱정하십니까? 그럴 시간 있으시 면 부처님전에 인연기도나 올리시지 그래요? 칠월 칠석날도 얼 마 남지 않았으니 이번 초하루부터 시작해서 칠석날 회향하시 지요."

　"그럴까요? 그럼 작정하고 일주일 기도 하겠습니다."

　이렇게 기도가 시작되게 되었는데 회향날 재밌는 일이 생기게 되었다.

모친이 칠월 칠석날 칠일기도 회향을 하기 위해서 따님에게 절 입구까지 데려다 달라 해서 차를 타고 절 입구까지 오게 되었는데 부처님께 인사라도 하고 가는 것이 예의 같아서 따님에게 절만 하고 가도 된다고 하니 그렇게 하겠다고 절 안으로 들어가는 길목에서 생각지도 않은 사건이 일어나게 되었다.

그때 개인적인 사정으로 일찍 절에 들러서 부처님께 인사나하고 가려고 먼저 왔다 가시는 어느 보살님이 계셨는데 절 골목길에서 나가고 들어가면서 먼저 나가시는 보살님 쪽에서 물찬 제비보살님의 따님을 보고 하신다는 말씀이,

"어허! 이 누구야! 간밤에 꿈을 꾸었는데 거기서 본 아가씨 같은데 참 이상타!" 그 순간 아가씨도 "아하! 저도 어제 밤 꿈에 보살님을 뵈었는데요. 전 단지 꿈이었나 보다 하고 잊어버렸는데 꿈이 현실로 나타나니 저도 어안이 벙벙합니다." 하는 것이 아닌가.

자초지종을 들어보니 먼저 나가시는 보살님에게는 대학원 연구원으로 몸을 담고 있는 큰 아들이 있는데 그동안 선을 삼십 번 이상 보았다는 것이다. 그런데 선을 보면 상대 아가씨를 두 번은 안보겠다고 하는 바람에 부모로서 죽겠다는 것이다.

그래서 이번 칠성기도에는 견우와 직녀가 만나는 일화도 있고 해서 부처님께 특별히 아들의 인연을 맺어달라는 기도를 올리고 있었다는 것이다. 그런데 어젯밤 꿈에 넓은 정원이 있는 야외에서 누군가 예식이 있다 해서 손님으로 참석을 하게 되었는데 들리는 소식이 다른 사람이 아니라 아들의 결혼식이라고 하더라는 것이다.

반가운 마음에 많은 사람들을 손으로 밀어내고 며느리 되는 아가씨가 어떻게 생겼는지 얼굴을 봐야겠다고 다가가니 어허! 꿈속의 며느리의 얼굴이 바로 물찬 제비 보살님의 따님이라는 것이다. 또 물찬 제비 보살님 따님도 어젯밤 꿈을 꾸었는데 어느 보살님이 다가와서 "두 손을 합장하거라!" 하더라는 것이다.

그래서 "전 싫어요" 하고 거부를 하고 있었는데 장면이 바뀌더니 어느새 두 손을 합장하고 있는데 보살님이 "그럼 그렇게 하여야 되느니라" 라고 하더라는 것이다. 그래서 있는 힘을 다해 마주 붙은 두 손을 떼려고 안간힘을 쓰는데 떨어지지 않더라는 것이다.

그래도 다시 있는 힘을 다해 떼려고 하는데 도저히 떨어지지 않아서 그만 포기하고 있는데 그 보살님이 더욱 가까이 오시더니 자비스런 미소를 지으시더라는 것이다. 그런데 지금 자기 앞에 서 있는 이 보살님이 꿈속의 보살님의 얼굴 그대로라는 것이다.

그래 서로 손을 맞잡고 상대보살님이 끄는 대로 그분 집으로 옮겨가서 얘기를 계속 나누게 되었다는 것이다. 집에 도착하여 응접실에 모여앉아서 차를 한 잔씩 하면서 이층 방에서 감기몸살로 이불을 뒤집어쓰고 있는 아들을 내려오라고 하였다.

안내려오겠다고 버티던 아들이 어머니의 성화에 못 이겨서 머리도 덥수룩한 모습으로 눈을 비비고 내려오다가 아가씨를 보던 이 아드님의 눈에 번갯불이 튀게 된 것이었다. 선을 수십 번을 봤어도 없었던 느낌이 일어난 것이다. 이것을 일러 천생연분이라 하는가!

이후 두 총각 처녀는 급속도로 가까워지게 되었고 결혼에 이르게 되었다. 시어머니가 4층 건물을 하나 결혼 선물로 사주어서 생활에 불편함 없이 아들 딸 하나씩 낳아 잘 살고 있다.

황금 열쇠 두 개를 받다

부산 연산동에 사시는 이 여사님은 한때 잘 나가시며 남부럽지 않게 사셨는데 남편이 돌아가신 뒤부터 가세가 기울어지기 시작하더니 빚 독촉에 시달리게 되었다.

그래서 가지고 있는 상가 건물 두 개를 정리하려고 내어놓았지만 보고 가는 사람은 한두 명 있지만 돌아가면 소식들이 없으니 원금에 이자는 늘어만 가니 시름이 깊어만 갔다. 어느 날 어찌해야 하느냐고 물어오셨다.

"보살님! 급할 때는 바짓가랑이라도 붙잡고서 살려달라고 늘어지는 것이 상책입니다."

"네, 그래서 이렇게 방법을 찾아보려고 하는 것입니다. 기도하면 될까요?"

"기도를 하시되 주변 돌아볼 겨를 없이 앞만 보고 한 길로 밀고 나가야 합니다. 가까운 동네에 선암사라는 절이 있을 것이니 그곳 지장전에 가서서 혼자서 향 하나 사루시고 앞으로 일주일 동안 기도할 것이니 제 뜻을 꼭 이루어 주시기 바랍니다. 나무

지장보살!"을 찾으라고 숙제를 내어드리고 돌려보냈다.

기도하신 지 6일째 오후에 전화가 오셨는데 "스님! 새벽에 꿈을 꾸니 어느 스님이 찾아오시더니 기도하는 제 앞에다 황금으로 된 열쇠 두 개를 던져주시고 유유히 사라지셨습니다. 이것이 응답이실 까요?"

"네 그러신 것 같습니다. 황금 열쇠는 행운을 상징하고 굳게 닫힌 자물통을 여는 역할을 하는 것임으로 조만간에 상가건물이 매매되겠습니다."

"네, 저도 열쇠가 두 개라서 상가건물 두 개가 정리되겠구나 하고 생각하고 있었습니다. 그렇게만 된다면 얼마나 좋겠습니까!"

이러한 일이 있을 뒤 얼마 안가서 전화가 오셨는데 저번에 건물을 보고 간 사람인데 그 분이 사시겠다고 하여서 하나는 매매가 되었고, 다시 며칠이 지나서 새로운 사람이 구매하겠다고 해서 매매가 성립되어 빚을 다 정리할 수 있게 되었다 한다.

광명진언으로 동생을 천도하다

종로에 사시는 무명심 보살님께서는 친정으로부터 물려받은 집안의 업보가 있으신지 항상 친정걱정이 많으시던 분이다. 몇 년 전에는 여동생이 자신의 삶을 비관한 나머지 한강에 뛰어들어 자살한 채 발견되기도 하였다.

불교에 귀의한지는 얼마 되지 않아서 부처님의 가르침이나 절 법도에 대하여 아직은 많이 모르는 입장이시다 보니 동생의 천도재도 해주지 못하고 지나가고 말았다.

그러던 어느 날 꿈에 자살한 동생이 물에 젖은 모습으로 나타나 춥고 배고파 죽겠다며 오한 걸린 환자처럼 떨고 있더라는 것이다. 이를 어찌해야 할 것인지 묻는 것이었다.

그래서 21일 동안 광명진언을 염송하라고 숙제를 내려주었다. 향이 다 타려면 긴 것은 1시간, 짧은 것은 30분이 걸린다. 자신에게 가능한 시간을 정해서 21일 동안 동생의 극락왕생을 발원하며 열심히 염송하라고 말씀드렸다. 그렇게 하여 시작된 기도가 절반을 넘어갈 무렵인 어느 날 보살님은 여느 때와 다름없이 광명진언을 외우고 있었다고 한다.

비몽사몽간에 옷을 깨끗이 입고 머리칼을 단정하게 다듬은 동생이 다가오더니 언니 때문에 이제 자신은 갈 길을 찾아가게 되었다고 하면서 그 고마움의 표시로 큰 절을 하더라는 것이다.

그리고서는 무지개를 타고 하늘로 날아 가면서 손을 흔들어 보이더라는 것이다. 무명심 보살님은 그 이후로 더욱 기도생활에 열중하고 사신다.

바로 누어 자지 못하던 병이 낫다

창원에 사시는 어느 할머니가 계신다. 남편을 일찍 여의고 혼자서 7남매를 키워내시며 살림을 꾸려 나오시느라 몸과 마음에 많은 병이 드시게 되었다.

특히나 밤이 되어 주무시려고 등짝을 방바닥에 대면 "머리가 쏟아져 내린다"고 표현하시며 바로 눕지를 못하시고 경사지게 해서 누우셔야 비로소 잠을 청할 수 있는 고통이 따르셨다.

그의 따님이 되시는 분이 어떻게 하면 우리 어머니가 편히 누어 주무실 수 있겠는지 물었다.

진료는 의사에게 약은 약사에게 부탁해야 할 것이나 어떤 현상이든지 마음으로부터 벗어나 있는 것은 없는 것이니 지금 앓고 있는 증세도 그 원인이 무의식속에 뿌리내리고 있을 것이다.

그러므로 기도로써 다스려질 수 있는 것이 사실이다. 따님에게 21일 동안 지장기도를 올릴 것을 숙제로 내 주었다. 아파트

거실 한 쪽에 지장보살님 사진을 놓고서 108배와 함께 지장정근을 하시도록 말씀드렸다.

어떠한 일이 있더라도 반드시 21일 기간을 지켜야 한다는 약속을 하도록 했다. 그리고 21일이 되는 새벽녘 꿈에 철장을 잡은 어느 스님이 오시더니 "어머니에게 가게 따라 오너라" 하시더라는 것이다.

어머니 집에 가니 평소와 다름없이 경사지게 기대어 누워 잠이 들어있는 모습이 눈에 들어오는데 철장 짚은 스님께서 어느새 큰 침을 손에 쥐고 어머니의 머리 한 중앙에다 찔러 넣으셔서 좌로 돌리고 우로 돌리고를 하시니 어머니께서 "아이고! 나 죽는다!" 소리를 지르시는 바람에 자신도 놀라서 잠에서 깨어났다고 한다.

그래서 오늘 회향기도는 더욱 정성스런 마음으로 올렸다고 하면서 전화가 왔다.

"보살님! 정성이 지극하셔서 지장보살님이 움직여 주셨나 봅니다. 아마 어머니의 머리 아픈 증세도 없어지셨을 것입니다."

"스님! 그런데 어머니의 근황을 살피려고 전화를 드렸는데 어제 이상한 꿈을 꾸었다고 합니다. 어머니가 머리를 오랫동안 감지 않아서 지저분하여 머릿속에 이들이 우글거리드라는 것입니다. 그래서 머리를 팍팍 밀고 씻으니 그렇게 머릿속이 개운하시더라는 것입니다."

"네, 이젠 다시는 머리 때문에 고통을 호소하시지 않을 것입니다. 이번 기회를 계기로 더욱 기도정진하시기 바랍니다."

이후 따님은 정식으로 불명을 받고 기도생활을 열심히 하고 사신다.

할아버지의 진노에 풍을 맞다

서울에 진 사장님이 계시는데 기독교를 신봉하는 집안이라서 조상봉양에 대한 각별한 마음들이 부족하다. 사업하느라 애를 쓰다 보니 혈압에 신경이 쓰이곤 하였는데 최근에는 수치가 더욱 올라가서 병원신세를 지게 되었다.

2인 병실에 입원하여 치료를 받고 있던 어느 날 옆에 누워있는 환자의 보호자가 기도생활을 열심히 하시면서 간간이 내가 있는 토굴에도 먹을 것을 가지고 오시는 분이셨다.

마음의 눈으로 보니 어떤 할아버지가 지팡이를 들고 진 사장님의 오른쪽 팔을 사정없이 내리치시더라는 것이다.

"어! 할아버지께서 왜 그러세요?"

소리를 치자마자 처사님은 오른 팔을 후들후들 떨기 시작하였다.

혈압치료차 병원에 왔다가 풍을 맞은 꼴이 되었던 것이다. 자초지종을 들어보니 원래 대대로 불교집안으로 지내다 어느 때

191

부터인지 기독교 일색으로 변해버려서 조상 제사나 조상을 위한 기도는 없어진지 오래라 했다.

집에서 기르는 개도 주인이 먹을 것을 주면 꼬리를 흔들어 반기며 좋다고 하지만 만약에 몇 날 며칠을 굶기게 되면 어떻게 되겠는가? 금강산도 식후경이요, 굶주림 앞에서는 양반이고 상놈이고 간에 없는 것이 바로 음식 문제다.

그래서 보살님이 진 사장님 문제로 연락이 왔다.
"스님! 앞날이 구만리 같은 젊은 사장님인데 어떻게 좋은 방법이 없을까요? 제가 볼 때는 조상영가문제가 발생한 것 같은데 말이죠"
"네, 당연한 문제 아니겠습니까? 보살님이 병실에 함께 계시니 그 분을 위해 기도를 좀 해드리시지 그래요. 물론 자신도 그에 따른 선행이 있어야 하겠고요."
"제가 무슨 힘이 있다고 그러세요. 스님이 방법을 일러주세요."

"제가 방금 일러드렸잖아요. 일단 그 풍 맞은 팔에 붙어 있는 조상영가의 진노의 에너지를 풀어주기 위해서 보살님께서 수시로 마음속 기도를 해 주시고 그 진 사장님에게는 병원을 나가게 되는 날 바로 할아버지를 위해서 천도재를 올려드리겠다고 마음속으로 다짐을 하라고 하세요. 그럼 차차 좋아지실 겁니다." 라고 숙제를 내 드렸다.

그런데 신통하게도 그렇게 후들후들 떨리던 팔이 서서히 진정되더니 아무렇지 않게 되었으니 귀신이 곡할 노릇인지 아니면 귀신이 좋아해야 할 노릇인지 이 일을 계기로 진 처사님은 조상과 자기 삶의 연결고리를 생각해 보며 자기 삶을 관리하는데서 제외되고 소홀히 다루어지던 뿌리에 대한 인식을 다시하게 되었다.

피똥 싸는 스님

경기도 모처에서 피똥을 싸던 처사님이 살고 계셨다. 여러 가지 치료를 해 보다 약발이 들지 않아서 굿을 하게 되었는데 병을 치료하기 위한 굿이 결국 신굿이 되어 집안에 신당을 모셔놓게 되었다.

자신은 병을 다스리고자 시작한 굿이 결국은 무당이 되어 신당을 모시게 되었으니 자신은 물론 집안 식구 모두 황당한 현실 앞에 어찌 할 바를 모르고 있었다. 거기다 말문도 트이지 않았으니 손님을 볼 수도 없는 형편이었다. 선무당의 길을 지내던 어느 날,

"사나이 장부로 태어나서 어찌 하고많은 일중에 무당 일을 하고 산단 말인가. 그럴 바에는 차라리 출가하여 부처님께 의탁하며 사는 것이 낫겠다!"는 생각에 이르자 인근에 있는 사찰에 출가를 하게 되었다.

출가초기에도 계속 피똥이 나오니 강원이나 선방에 가서 공부

할 수는 없는 입장이고 해서 기도도량에 들어가서 천일 지장기도를 시작하였다.

기도를 시작할 때 집에 모셔놓고 온 신당을 다 철수시켜서 절에 가지고와 소각을 시키면서 기도를 시작하였다.

백일, 이백일, 삼백일⋯ 어느 시기에 오니 피똥은 자연히 없어지게 되었다. 스님은 더욱더 기도에 전념하게 되었는데 기도가 진행되면서 자신이 왜 피똥을 싸게 되었는지 그 업보를 알게 되었다.

지금이야 소나 돼지의 도축이 합법적으로 되는 세상이지만 그 옛날에는 지방에서 불법 도축을 해서 서울로 보내는 일이 있었다.
그래서 자기가 살던 마당에 시골 이곳저곳에서 사드린 돼지나 소를 때려잡고 칼질을 하는 일들이 수시로 일어났었다. 집 마당에서는 살생이 일어나고 있었지만 매일 매일 소나 돼지고기를 먹고 자랄 수는 있었다.

도축으로 죽어나가는 소.돼지의 한 맺힌 기운들이 자신의 무의식에 침투해 들어와서 피를 부르게 된 것임을 알게 되었다.

살생의 기운이 무의식속에 있다 기도의 기운으로 마치 질긴 잡초뿌리가 땅속에 엉켜서 뿌리를 깊게 내리고 있는 것을 알게 되었고 그 느낌이 일어날 때마다 미치기 직전까지 가는 괴로움을 겪게 되었다.

죄 없는 짐승들에게 사죄를 하며 극락왕생을 발원하면서 하루하루의 기도를 이어가게 되었던 것이다.

스님의 경우는 원한에 맺힌 살기가 건강으로 찾아든 것이니 다행이지만 만약 외부에서 일어나는 사건, 사고로 이어진 피의 보복이었다면 어쩔 뻔 했을까 생각하면 소름이 끼칠 일인 것이다.

대형 참사를 당해 현장에서 처참하게 몸이 찢겨져 죽는 일이나 강도에게 칼에 찔려 상해를 입거나 살인자를 만나서 몸이 토막 살인을 당한다거나 하는 그런 끔찍한 일들로 연결될 수도 있을 문제인 것이다.

부모님이 가족의 생계가 달린 문제라서 불법 도축 일을 허용하셔서 당시 보릿고개 시절 고깃국을 떨어지지 않고 먹고 자랄 수는 있었지만 그 소 · 돼지의 한 맺힌 절규가 자신에게 집중적으로 몰려들어 와서 한을 풀어주길 바라는 어떻게 보면 해원을 위한 길을 만들어 놓은 것이라고도 볼 수 있다.

이런 경우에는 불행 중 다행이라고 할 것인데 여기에는 이 스님의 과거 전생과도 무관하지 않다고 할 것이다. 그것은 수행의 선한 공덕이 잠재되어 있었던 것이다.

그게 아니었다면 현실적으로 살생을 당하는 비참한 지경에 떨어질 수도 있는 것이다. 연일 보도되는 사건사고의 참상들을 보면서 그 인과의 냉엄한 이치에 두려움을 가지지 않을 수 없다. 지금 스님은 천일 기도를 잘 마무리하시고 신심 있는 어느 보살님이 절을 지어주셔서 주지스님으로 몸을 담고 계신다.

거지떼들의 극락왕생

서울 서초동에 사시는 무상문 보살님이 계신다. 혼자 사시고 무역회사를 운영하시면서 수행자처럼 마음관리를 하며 지내신다. 언젠가 회사 공장을 지으려고 산을 낀 땅을 매입하였는데 그곳에 묘가 이십여 개 이상 있었다.

묘지이장 공고를 냈지만 이장해 가지 않는 묘가 많이 있었다. 공장은 지어야 되겠는데 묘가 있으니 고민을 하다가 조언을 청해 오셨다.

"제가 불자인데 무연고 묘로 처리하여 이장을 해도 되겠지만 그렇다고 그냥 그렇게 하자니 마음에 걸리므로 합동 천도재를 해 드리고 이장을 하는 것이 어떨까요?"

"네, 생각 잘 하셨습니다. 보살님의 몫인 것 같습니다. 세상에는 공짜는 없는 법이니 이번에 천도재를 올려드리면 그 분들이 그냥 있지는 않을 것입니다."

이렇게 되어 합동 천도재를 올리게 되었는데 재가 있는 날 새벽녘 꿈에 많은 배고픈 거지떼들이 궁궐 같은 집 대문 앞에 몰려와서 밥 한 끼 달라고 아우성을 치더라는 것이다.

그래서 문을 열어주고 목욕재계를 시켜 준 다음에 상다리 부러지도록 진수성찬을 차려서 한 끼 배부르게 먹여주고 창극공연까지 관람하게 해 주었더니 "보살님! 감사합니다. 이제 저희들은 보살님의 공덕으로 좋은 데로 가게 되었으니 고맙습니다." 하면서 떠나가더라는 것이다.

어느 수행자와 관음조 이야기

오래전에 한 스님을 기도처에서 만나게 되었다. 이 스님은 출가 전에는 장래가 촉망되던 청년이 었다. 서울 유명대학을 졸업하고 잠시 대기업에 몸을 담고 잘 나가는가 했더니 삶의 방식에 대한 문제로 현실적응에 회의가 일자 대학시절부터 관심이 있었던 명상에 투자하는 시간이 점차 늘어나게 되었다.

결국 '나는 누구인가?' 라는 존재의 근원적 물음에 대한 해답을 찾아야 되겠다는 강한 열망이 일어나기 시작했다.

이에 바로 당대의 큰 스님으로 알려진 문하에 출가하여 계를 받자마자 곧바로 선방을 전전하며 수행에만 전념하시는 선객이 되었다.

그런데 스님은 말 못할 하나의 어려움을 앓고 계셨는데 다름 아닌 성에 대한 문제였다. 연애다운 연애 한 번 안해 보고 출가한 스님인데 언제부터인지 섹스에 대한 욕구가 일어나면 참기 힘들 정도로 불길처럼 마음을 사로잡는 것이었다.

그렇다고 세속인처럼 여자를 만나서 해결할 수 도 없는 문제이고 하여 고민이 깊어만 가게 되었다. 스님은 어느 날 이런 생각을 하게 되었다.

"몸이란 본래 남녀의 사랑행위를 통해서 만들어진 것이므로 몸을 이루는 세포속에는 남녀를 향한 포옹의 욕구가 내재되어 있을 것이니 때때로 이성의 기운을 섞고 싶은 충동이 일어나는 것은 자연한 생리현상일 것이다. 출가수행자의 본분사에 충실하는데는 해결되어야 할 가정 큰 장애물이기도 한 것이다.

이제 내 스스로 이 생리적 욕구를 해소할 수 없으니 관세음보살님께 기도하여 이 문제를 해결해야 되겠다." 라는 생각에 이르자 유명 관음도량에 들어가 백일기도를 하게 되었다.

입으로는 관세음보살을 외우지만 그 마음속에서는 어서 빨리 관세음보살님의 가피(보살핌)로 성적욕구가 다스려지길 원하고 또 원하는 나날의 연속이었다.

그렇게 백일을 향해 나아가던 어느 날 밤 꿈에 자신이 티베트 라마승들이 모여 수행하는 도량에서 공부하는 모습을 보게 되었다.

천(가사) 하나를 몸에 걸치고 있는 모습 이면에 성적 욕구로 고민하는 모습이 떠오르면서 힘들어 하는 자신 앞에 관음조(觀音鳥:관세음보살님의 화신)한 마리가 날아와서 성기를 밖으로 내 놓으라고 무언중에 얘길 하는 것이었다.

주저주저하다가 밖으로 내 놓으니 관음조가 기다란 부리를 들어 보이는데 마치 날카로운 침(針)처럼 예리한 것이 섬뜩하기까지 하였다. 순간 성기 머리 쪽을 몇 번이고 쪼는 것이 아닌가!

너무 아파서 비명을 지르다 놀래 깨어보니 꿈이었던 것이다. 이렇게 하여 스님은 몽중가피를 받아서 자신의 고민거리를 다스릴 수가 있었다.

어느 날 내가 물었다.
"스님! 이제 괜찮습니까?"
"요즘은 마음까지 고자가 되어 버린 것 같네요. 관세음보살님이 보낸 관음조에게 침 몇 대 맞은 뒤로는 성에 대한 욕구가 별로 일어나지가 않습니다. 이번에 기도를 잘 한 것 같습니다." 하시는 것이다.

스님은 평소에 수행자답게 "나의 전 재산은 방석하나에 옷

한 벌입니다. 이거면 세상에 나와서 본전은 한 것 아닙니까?" 하고 말하시며 호탕하게 웃는 것이 인상적이시다.

스님은 나와의 인연에 감사드린다며 평소 자신의 서각실력을 발휘하여 옥돌에다 卍字와 옴字을 새겨서 선물로 건네주고 떠나셨다.

참회진언(懺悔眞言)
「옴 살바못자 모지 사다야 사바하 」
자성없는 모든 죄업 마음에서 일어나니
마음만 없어지면 죄 또한 사라지네
죄와 마음 모두 없애 두 가지다 공해지면
이 경지를 이름하여 진참회라 한다네.

부친은 극락왕생, 자식은 스님이 되다

거제도에 사는 이씨 청년이 있는데 일찍 부친을 여의고 홀어머니 밑에서 힘겨운 청소년기를 보내면서 정신적인 방황기를 보내 정서불안 증세가 심하게 일어나고 있었다.

이런 상태가 계속되면 혹시 미치는 것은 아닌가 하는 불안감에서 정신병원을 혼자서 찾아가 의사면담을 하고 올 정도로 강박증세에 시달리고 있었다. 동기감응(同氣感應)이라 했던가 나무는 생명줄을 뿌리에 두고 살고 인간은 조상에 두고 사는 것이다.

그러므로 뿌리가 견고하지 못하면 약한 바람에도 휘청거리고 뿌리가 깊이 자리하지 못하거나 병이 들면 줄기와 가지가 온전할 수 없으며 꽃을 피울 수 없다.

마찬가지로 돌아가신 망자들이 자리를 못잡고 허공을 떠돌며 불안한 삶을 보내면 그 파장이 자손들에게 고스란히 옮겨와서 정처없는 삶을 살게 되는 것이다.

질병에는 가족력이라는 것이 있다. 부모 중 한 분이 당뇨병이 있으면 그 자손들에게도 당뇨병이 많이 발생하는 것을 볼 수 있다. 어느 부인은 자궁을 드러내는 수술을 하셨는데 그 형제와 친척 등 3촌 이내를 조사해보니 많은 여자분들이 자궁을 드러낸다거나 자궁에 이상증세를 많이 가지고 있다는 것을 고백하기도 한다.

병만 상속이 되는 것이 아니라 돌아가신 조상영가의 기운도 상속되는 것은 바로 같은 기운을 가진 사람끼리는 서로 감응한다는 법칙 때문이다.

먼저 가신 부친의 영가가 한을 머금고 가셨으므로 해원을 해드려야 했었는데 그러지 못하고 방치가 되다보니 그 한스런 마음이 이씨 청년에게 전달되어 이상증세가 일어나기 시작한 것이다.

가위에 눌리는 악몽을 꾸거나 무당이 칼춤을 춘다거나 점을 보기도 하는 꿈을 꾸면서 생시에는 혼자서 중얼거리며 미친 사람처럼 보이는 이상행동을 하기도 하는 등 상태가 갈수록 심해지게 되었다.

어느 날 옆 동네에 살고 있는 지인의 소개로 이씨 청년과 만남의 자리가 주어졌다. 살펴보니 눈에는 조상 영가기운이 들어차 있고 불안증세가 심하게 일어나고 있는 것으로 보아 빨리 손을 쓰지 않으면 무당이 되거나 아니면 미쳐서 정신병원으로 가야 할 상황이었다.

이렇게 한의 뿌리가 깊이 내려져 있을 경우에는 천도재와 함께 개인적으로 지장기도가 진행되어야 한다. 그리고 여유가 있을 경우에는 조상이름으로 복을 지어주는 선행이 뒤따르면 더욱 효과가 있는 것이다.

많은 우여곡절을 거치면서 수 년 동안 진행된 작업이 드디어 결실을 보게 되었다. 꿈에 자신이 어디론가 날아서 가니 어마어마하게 큰 대문이 나오는데 이윽고 문이 열려서 들어간 곳에 타원형으로 펼쳐진 테이블 위에 연꽃이 피어오르더니 부처님 같기도 하는 분들이 그 연꽃 안에서 솟아올라 좌정하시더라는 것이다.

그런데 왼쪽으로 제일 끝자리에 있는 연꽃위에 앉아 계시는 분이 어디선가 많이 본 얼굴이라서 눈을 크게 뜨고서 보니 돌아가신 부친이 환한 얼굴로 내려 보고 계시더라는 것이다.

그리고 중간에 위치한 분이 말씀하시길,

"스님은 앞으로 세 발 나오시오!" 하더라는 것이다.

처음에는 다른 분에게 하신 줄 알았는데 주변을 둘러봐도 자기 이외에는 사람이 없는 줄 알고 자신이라는 걸 알았다는 것이다. 그래서 앞으로 세 발 나아가서 섰더니,

"스님은 아직 공부가 많이 부족합니다. 앞으로 열심히 하셔야 합니다. 때가 될 때까지 열심히 하시기 바랍니다." 라고 하더라는 것이다.

그 뒤에 몇 년의 세월이 흐른 뒤 이씨 청년은 느끼는 바가 있어서 출가 수행의 길을 떠나게 되었다.

뱀의 허물을 벗고 자유의 몸이 되다

대구의 대법화 보살님이 계신다. 공부를 함께 하는 도반들이 몇 분 팀을 이루어서 전국의 유명기도 도량을 순회하며 기도정진을 하시는데 기도의 공력이 남달리 크신 분이라 특이한 일화들을 많이 가지고 계셨다. 그 중 하나를 소개하고자 한다.

영천 은해사 산내 암자중에 중암암이라는 일명 '돌구멍' 절이 있는데 신라시대 삼국통일을 이룩한 김유신 장군이 기도 끝에 팔공산 산신으로부터 신검을 받았다고 전해지는 도량이기도 하다.

일반에 많이 알려져 있지 않으므로 천년 세월을 베일 속에 감추고 있는 냥 신비스런 도량의 모습을 하고 있어서 찾는 이로하여금 감탄사를 자아내게 하는 곳이기도 하다. 이 도량에서 필자가 백일기도를 하고 있다는 소문을 듣고서 도반들과 함께 찾아오는 날이 있었다.

그날따라 도반들 가장 뒤에 처져서 절을 올라가는데 기다란 뱀 한 마리가 풀숲에서 나오다 보살님 눈과 마주치자 지나갈 생각을 않고서 한참이고 길을 막고 있더라는 것이다. 그래서 좀 기다리면 지나가겠지 하는 마음으로 기다리니 그제야 풀숲 안으로 살아지더라는 것이다.

그래 생각하길 "기도하러 부처님을 찾아가는 길목에서 뱀과 마주하게 되었으니 뭔가 의미하는 바가 있을 것이다. 부처님의 법은 자연의 법칙이며 현상은 자연이 제공하는 법칙(패턴)에 따라 마음의 메커니즘속에서 일어나는 것이니 모든 것이 우연을 가장한 필연의 산물일 뿐 아니랴!"라고 생각하는 중에 어느덧 발걸음은 중암암 마당에 도착하고 있었다.

도반들과 함께 기도를 끝내고 나서 다들 점심을 드시러 내려갔는데 자신만은 점심을 거르면서 올라오면서 목격한 그 의문을 풀어보고자 집중적인 기도에 들어가게 되었다. 한 참 관세음보살 정근을 하고 있는데 아까 목격한 뱀이 눈앞에 나타나는 것이었다.

더욱 정신을 모아서 관세음보살을 찾고 있는데 그 뱀이 보살님 앞으로 다가오더니 허물을 벗기 시작하더란다. 그 안에서 초등학교 5학년정도 되는 어린 학생이 스포츠머리를 하고 어깨에

책보자기를 걸치고 뛰어나오는 것이었다.

"너는 누구이냐?"

"보살님! 보살님! 고맙습니다. 저는 일찍 사고를 당하여 죽었는데 업이 무거워서 뱀의 몸을 받아 이렇게 갇혀 지냈습니다. 오늘 보살님이 이곳에 기도를 하러 오시기에 기도가 깊으신 보살님이 저에게 기도의 힘을 실어주신다면 제가 뱀의 허물을 벗고서 사람으로 다시 태어날 수 있겠기에 아까 길목에서 부탁을 드린 것입니다."

"아! 그런 사연이 있었던가? 그럼 다시 정신을 모아서 학생을 극락왕생케 하리니 나와 함께 기도에 마음을 집중하도록 하여라"

그리하여 더욱 관세음보살을 염송하며 마음을 모으고 있는데 "보살님! 이제 저는 가야되겠습니다." 하며 큰 절을 올리더니 허공으로 뻗어있는 무지개 길을 타고 쏜살같이 올라가더라는 것이다.

인연(因緣)

길을 가다
옷깃만 스쳐도
전생에 500번의 인연이라 했던가!
말 못하는 미물일 지라도
잠시 스치고 지나는 순간이 있다면
소홀히 지나칠 수 없는
지중한 인연의 이치인 것을…
어느 세상에는
부모가 될 수도
자식이 될 수도
사랑하는 연인이 될 수도
있는 것이
인연이라네!
_()_나무아미타불

애인은 있어도 남편은 없는 여자

요즈음을 일컬어 먹고 마시며 즐기고 살기 좋은 시대라고 한다. 그래서 그런지 향락산업이 날로 번창하고 있는가 보다. '물질이 개벽되니 정신을 개벽하자!' 라는 원불교의 표어가 있다.

물질의 풍요에 발맞추어 정신의 힘도 따라주어야 하는데 그렇지 못하게 되면 뱀 꼬리가 머리를 끌고 다니는 꼴이 되고 만다. 꼬리가 하자는 대로 따라다니다 보면 머리와 몸통이 온통 찢기고 상처투성이가 되고 이윽고 뱀 자체가 죽음을 맞이하게 되는 것이다.

어느 보살님이 계셨는데 인물이나 몸매나 피부까지 어느 곳 하나 빠질 데 없는 여자 분이었다. 집안도 괜찮아 설사 시집 안 가고 혼자 산다 해도 먹고 사는데 걱정할 것이 없었다. 배움도 있고 직장도 남들이 부러워하는 대기업에 다닌다.

그런데 선을 봐도 자신이 원하면 상대가 싫다하고 상대가 좋아하면 자신이 싫고 둘이다 괜찮다 싶으면 이번에는 부모와 형제 그리고 주변에서 '아니다' 라고 하기를 수도 없이 반복하고 있었다. 그렇다고 애인이 없었던 것은 아니다. 총각도 있었고 유부남도 있었다.

음양을 대표하는 남녀가 만나 하나의 가정을 이루는 것은 천지자연의 가는 길이다. 마음 수행의 길을 가는 사람이라면 모를까 현실의 가치를 중시하며 행복이 좌우되는 삶을 사는 입장에서는 하늘과 지구, 해와 달, 남과 여가 만나서 어울리는 것은 자연스러운 것이다.

그렇게 되어야 자연이나 인생이나 영구적으로 역사를 이어가게 되는 것이다. 그런데 무엇이 문제가 되어 가정을 이룰 짝을 만나지 못하고 자꾸 엇갈려야만 하는 것일까 의문이 들지 않을 수 없다.

"스님! 어디서 물어보니 제 팔자에는 직장복, 돈복, 오래 살 복은 있는데 혼자서 고독하게 살아야 한다고 하네요. 진짜 그런가요?"

"가정을 이룰 짝을 만나기 쉽지 않다는 것이지 외로울 때 만나서 함께 시간을 나눌 수 있는 남자가 없다는 것은 아니지요."

"네, 그야 예나 지금이나 남자는 없었던 적은 없었습니다."

"적절할지는 모르겠지만 언젠가 있었던 어느 여자보살님의 이야기를 해 드릴 것이니 이 말씀을 잘 새겨들으시고 잘못된 과 거생의 습관을 교정하고 지혜를 계발하셔서 밝은 인생길을 열 어가도록 하세요."

"네, 스님! 제 인생길에 도움이 되는 것이라면 무슨 말씀이라 도 해주세요."

서울에 사시는 어느 보살님이 남녀문제가 좀 있어서 7일 기도 를 하게 되었습니다.

아시다시피 법당에 들어가면 가운데 부처님이 앉아 계시고 옆에는 신장님들이 모셔져 있는 신중단이 있습니다. 그리고 지 장전에는 지장보살님이 원통전에는 관세음보살님이 산신각에는 산왕대신이 나한전에는 나한님들이 모셔져 있습니다.

서울 보살님이 첫 날 새벽예불을 마치고 부처님께 기도를 시 작하였습니다. 그런데 마음이 산란하여 갈피를 못잡고 법당을 나와서는 산신각으로 들어가서 기도를 하였습니다. 사시에는 신장님께 기도하다 저녁에는 지장보살님전에 들어가서 기도를 하면서 하루를 이렇게 왔다 갔다 하면서 기도를 했습니다.

다음날에는 나한전에 들어가서 나한님께 기도하다 점심때에 는 칠성님께 기도를 하고… 그날 밤 잠을 자는데 꿈에 야구방망

이를 든 눈이 세 개에 뿔이 달린 분이 씩씩거리면서 나타나더라는 것입니다.

"보살님아! 어느 사람이 정조없이 이놈에게 붙었다 저놈에게 붙었다 한다면 그런 사람을 무어라 하겠느냐?" "네, 그런 사람은 철새라 하겠습니다."

"그래, 그런 철새를 어느 누가 책임감을 가지고 주인이 되어 주겠다고 성큼 마음을 내겠느냔 말이다. 기도를 할 때도 한 분을 정했으면 기도를 마치는 순간까지는 그 정해진 한 분만을 찾으면서 정신을 몰입해야 소원을 이루게 해주지 여기저기 기웃거리며 기도하면서 무엇을 이루겠다는 것이냐?"

"네, 도사님! 제가 생각이 짧았던것 같습니다. 이제 정신을 바짝 차리고 내일부터는 한 분만을 정해서 지성껏 기도정진 하겠나이다. 바른길로 이끌어주십시오."

"그래 지금부터라도 너의 처신을 바르게 하겠다 하니 한 번 기대를 하면서 지켜보겠노라! 네가 이 나이 되도록 짝을 만나지 못하고 총각이고 유부남이고 만나고 헤어지고를 되풀이 하면서 보내는 것은 바로 기도를 하면서 부처님께 붙었다 신장님께 붙었다 다시 지장보살님께 붙었다 관세음보살님에게 붙었다 하면서 왔다갔다 하는 것과 다름없는 것이니라.

그러니 철새처럼 여기저기 안착을 못하고 떠돌아다니는 것이니라! 너의 과거 전생이 이렇듯 활량처럼 유랑방탕하며 난봉꾼 짓을 하였기에 오늘날 혼자되는 과보를 받은 것이니 이제라도 정신 바짝 차리고 기도를 하여서 지난 생의 잘못된 습관을 바로 잡도록 하여라!" 라고 하시더랍니다.

그래서 자신이 전생에 고삐 풀린 망아지처럼 떠돌아다니면서 한 사람에게 정착을 못하고 헤픈 정을 남발하고 다녔던 업보로 여자 몸을 받은 현재까지 전생의 떠돌던 버릇이 남아 있어 어긋난 인생을 살고 있다는 것을 깨닫게 되었다고 합니다.

이러한 경험을 한 이후에 관세음보살님에게 매달리면서 자신의 과거생의 업보를 참회하는 기도를 열심히 올렸다고 합니다.

7일 기도를 마치는 새벽 꿈에 관세음보살님이 나타나더니 "나하고 좀 더 살다가 갈 것이지 뭐가 그리 바빠서 가려고 하느냐?" 하시더라는 것입니다. 아마도 자신의 기도가 부족하다 싶어서 그러한 선몽을 받았나 보다 생각하며 다음 날을 기약하고 기도를 회향하였다고 합니다.

누가 조상을 함부로 대하는가!

　서울에 사시는 김 사장님은 기독교 집사 신분이시지만 하시는 일의 특성상 여러 종교의 신앙인이나 무종교인까지 상대하고 계신다. 사업이 잘되어서 수백억의 재산을 이루어서 더 이상 돈을 벌지 않아도 되련만 사람 맘이 그렇지 않나 보다.

　하루는 찾아오셔서 하시는 말씀이,
　"스님! 요즘은 사업이 예전 같지 않아서 신경이 쓰입니다. 혹시 조상을 홀대하여 그런 것은 아닌지 그런 생각도 듭니다." 라고 말씀하시는 것이다.

　"김 사장님이야 기독교인이시지만 조상님 제사나 묘지관리도 남달리 열심히 하시는데 홀대하셨다고 할 수는 없겠지요. 그렇지만 사업을 하시는 것이니 어려울 때에는 조상님께 기도를 올리는 것도 도움이 되실 겁니다."
　"기도까지는 제가 하기가 곤란합니다. 주변에서 다들 제가 교회 나가는 걸 알고 있습니다." 라는 것이다.

그래서 특별한 방법을 제시하여드리기로 생각하고 "김 사장님! 사무실에 출근하시면 '광명진언'을 아홉 번씩 외우시고 나서 조상님들의 극락왕생을 21일 동안 기원하여보세요." 라고 숙제를 내 드렸다. 얼마나 지났을까 특이한 경험을 하였다는 말씀을 하신다.

자초지종을 들어보니 내용이 이렇다. 기도를 열심히 하던 어느 날 꿈을 꾸는데 돌아가신 모친이 큰 가죽가방을 무거워서 들지를 못한 채 바닥에 질질 끌고 들어오시더라는 것이다. 그러시더니 열어보라고 해서 보니 돈이 가득 들어있더라는 것이다.

이윽고 모친이 돈을 한 번 세어 보라고 하셔서 센 뒤에 얼마라고 말씀드리니 고개를 끄덕거리시면서 가지라고 하더라는 것이다. 그러고서 꿈에서 깨어 일어나면서 기분이 엄청 좋았다고 한다.

그날 사무실에 출근하여 여느 때와 다름없이 광명진언을 아홉 번을 외우고 하루를 시작하게 되었는데 그날따라 물량주문이 들어오기 시작하더니 정신없이 바빴다고 한다. 신기한 것이 하루를 마감하고 당일 마감을 하는데 모친이 끌고 오신 가죽가방 안에 든 액수와 정확히 일치하더라는 것이다.

그 후 며칠이 지나서 또 꿈을 꾸는데 저번과 똑같은 과정을 거치면서 가죽가방을 하나 놔두시고 가시더라는 것이다. 그날도 정신없이 물량주문이 들어와서 기분이 좋았는데 당일 마감을 해보니 모친이 주고가신 액수와 맞아 떨어지더라는 것이다.

그런 일이 있은 지 한 참 후에 또 모친이 가죽가방을 끌고 들어오시더니 세어 보라고 하시더라는 것이다. 그래 한참 돈을 세고 나서 액수를 말씀드리니 "잘 보관하고 있으라." 하시더라는 것이다.

그리고 깨어나게 되었는데 기분이 이상하다는 생각이 들더라는 것이다. 첫 번째 두 번째까지의 꿈에서는 가지라고 하시더니 세 번째 꿈에서는 잘 보관하라고 하시니 이 게 무슨 뜻일까 궁금하였다고 한다.

그 날도 일감이 많이 들어와서 정신없이 하루를 보내고 마감을 하였는데 꿈속에서 세었던 대로 돈 액수가 맞아 떨어지더라는 것이다. 기분이 좋았지만 관리하라는 말씀이 생각나서 그 뜻이 내내 궁금해 하고 있었는데 어디선가 낯익은 목소리가 들려오는 것이 아닌가.

"형님! 저 왔습니다. 그동안 연락도 못드려서 죄송합니다." 고개를 돌려서 보니 그동안 형제간에 왕래를 끊고 지내던 바로 아래 동생이 부산에서 상경하였던 것이다.

군에 장교로 복무하던 동생이 갑자기 군 생활을 접고 사업한다고 해서 두 번이나 사업자금으로 목돈을 지원해 줬건만 실패로 돌아가자 이제는 더 이상 돈거래는 하지 않겠다고 하는 가운데 형과 동생이 불화가 생겨서 서로 왕래도 끊고 지내왔다고 한다.

"아하! 오늘 주문물량 들어온 돈은 바로 저 놈아가 임자구나!" 하는 생각이 들면서 관리하고 있으라는 모친의 당부 말씀이 떠오르더라는 것이다. 부산에 내려간 동생이 형님에게 마지막으로 돈 부탁을 해보려고 무작정 상경을 하였던 것이다.

두 사람은 모친의 꿈 얘기를 나누면서 돈을 주고받으며 눈시울을 적셨다고 한다. 이러한 특별한 경험을 한 김 사장님은 교회 집사님이면서도 조상을 끔찍하게 여기게 되었으며 '조상 전도사' 라는 별명이 붙을 정도로 기도에 대하여 열변을 토하고 다니시게 되었다.

그런가 하면 '누가 조상을 함부로 대하는가!' 라는 책을 손수 사서 주변사람들에게 나눠주며 지내신다.

-서산대사 임종게(臨終偈)-

삶이란
한 조각 뜬구름이 일어남이요
죽음이란
한 조각 뜬구름이 스러짐일 세!
뜬구름 그 자체는
실체가 없나니
오고가는 인생사가 이와 똑 같구나!

부족장의 부인이었던 전생

"스님! 저는 왜 사랑하는 남편이 있는데도 외간 남자와 정을 통하는 불륜을 저지르게 되는 업을 타고 났을까요?"

산중을 지나다 보면 잠시 걸음을 멈추게 되는 경우가 있다. 산토끼나 다람쥐를 발견하게 되면 내 자신도 모르게 가던 발걸음을 멈추게 된다. 특하나 산 노루와 마주치게 될 때에는 그 깊고 맑은 눈망울속에 빨려들어 가는 묘한 느낌이 일어난다.

그럴 때에는 인연의 이치를 궁리하는 버릇에 따라서 산 노루를 인간 사회의 울타리 안으로 옮겨 보는 상상을 해 본다. 과연 산 노루의 전생이 있었다면 그는 인간 사회 속에서 어떠한 삶을 살았을 것인가를 그려본다. 짧은 망상 속에서 무수히 많은 상념들이 겹쳐지면서 떠오른다.

비오는 어느 날 평소 친분이 있던 보살님의 소개로 한 분의 여성분이 방문하셨다. 여러 얘기를 하던 끝에 꼭 이해를 하고 넘어가고 싶은 문제가 있다는 것이다. 그래서 편안하게 이야기

하시게 하니 자신의 남자 문제를 꺼내놓는 것이다.

남편은 자신이 원하는 것이면 무엇이든지 거절하는 법 없이 다 해준다 한다. 그래서 남편에 대한 별다른 불만이 있을 수 없다는 것이다. 그런데 언제부터인지 우연히 알게 된 어느 남자분과 넘지 말아야 할 선을 넘게 되어 내연의 관계를 이어오고 있다는 것이다.

마음에 죄책감이 들수록 남편에게 미안한 마음에 더욱 잘 하려고 노력하지만 애인과의 관계를 정리하고 싶지는 않다고 했다. 최근에는 빌라를 아지트로 구하여 놓고 만남의 장소로 삼고 있다고 했다. 전생이 있다면 남편. 애인과 자신의 관계가 어떠했는지 알고 싶다는 것이다.

그래서 숙제로 관음기도를 7일 하도록 했다. 그리고 기도할 때마다 '부처님! 저에게 전생을 알게하셔서 각자 올바른 길로 나아가도록 인도하여 주소서!' 라고 간절히 빌면서 관세음보살을 찾으라고 하였다.

7일 기도를 열심히 하던 어느 날 새벽녘 꿈에 자신은 어느 부족을 다스리는 족장의 아내가 되어 평화로운 삶을 살고 있었다.

223

그러던 중에 십자군 전쟁의 소용돌이 속에 휘말려 부족의 안정은 깨어지고 살육의 현장으로 변한 마을을 바라보고 있었다.

이윽고 부족장이 십자군 장군 앞에 끌려 나오게 되었고 죽음을 당할 처지에 놓이게 되었다. 이때 족장의 부인이 장군에게 족장의 목숨만은 살려줄 것을 간절히 호소하였다. 장군이 머무는 동안 몸과 마음을 다해 모실 것이니 족장의 목숨만을 지켜달라고 호소하니 이내 장군이 허락하게 되고 장군에게 수청을 드는 모습을 보게 되었다.

짧은 시간이었지만 장군과 족장 부인에게는 평생 잊을 수 없는 깊은 연을 맺을 수 있었다. 그러한 장면을 보면서 잠에서 깨어나게 되었다.

족장의 목숨을 구하기 위해서 장군에게 몸을 허락하였던 인연이 이생에서는 족장은 남편으로 부인은 자신으로 장군은 애인으로 만나게 되었던 것이다. 이러한 일이 있고 한 해가 지나서 그 여자 분의 애인이란 사람이 날 찾아와서 통곡을 하면서 여자가 병원에서 죽어가고 있다는 것이다.

사연을 들어보니 이 분은 작년 추석 전에 얼굴 안색이 안 좋아서 만나는 사람마다 어디 아프냐고 물으니 기분이 묘하더라는 것이다. 그래서 추석을 지나고 곧바로 병원에 가서 검사를 받게 되었는데 췌장암 말기로 판명이 되어 곧바로 입원치료를 시작하였다고 한다.

남편과 가족들이 여인의 병실 주변을 지키고 있음으로 구실을 만들어서 병문안은 한 번 했지만 자신은 병실에 자주 갈 수도 없는 노릇이니 속만 태우고 있다는 것이다. 그리고 얼마 되지 않아서 여인은 한 줌의 재가 되어 감포 앞바다에 뿌려지게 되었다.

헛되고 헛되도다.

물은 흐르고 흘러
흐르던 곳으로 다시 돌아가고
바람은 불어 이리저리 돌아
불던 곳으로 다시 돌아가고
인생도 이와 같이 돌고 돌아
왔던 곳으로 돌아간다.

그래서 전도자가 말하기를
"이미 있던 것이 후에 다시 있겠고
이미 한 일을 후에 다시 할지니라
태양 아래에는 새로운 것이 없나니
보라! 무엇을 가리켜
이것이 새로운 것이라 할 것이 있으랴!"

초판 1쇄 인쇄일 2014년 02월 17일
초판 1쇄 발행일 2014년 02월 20일

지은이 종학 스님
펴낸이 김양수
편집디자인 곽세진

펴낸곳 도서출판 맑은샘
출판등록 제2012-000035
주소 경기도 고양시 일산서구 중앙로 1456 604호(주엽동 18-2)
대표전화 031.906.5006 팩스 031.906.5079
이메일 okbook1234@naver.com
홈페이지 www.booksam.co.kr

ISBN 978-89-98374-48-8 (03220)
ISBN 978-89-98374-47-1 (세트2권)

「이 도서의 국립중앙도서관 출판시도서목록(CIP)은 서지정보유통지원
시스템 홈페이지(http://seoji.nl.go.kr)와 국가자료공동목록시스템
(http://www.nl.go.kr/kolisnet)에서 이용하실 수 있습니다.(CIP
제어번호: CIP2014004675)」